陪孩子走过敏感期

刘贞柏 著

文化发展出版社
Cultural Development Press

孩子的教养问题，比生理病痛还难解

台湾知名儿童医院儿童感染科主治医师

儿童急诊科主治医师

FB 粉丝团　Dr.E 小儿急诊室日志　谢宗学

在小儿急诊室工作多年，我遇到过无数罹患急重症的儿童，面对紧急复杂的疾病，我基本上都可以利用"理性和逻辑"——拆解，抽丝剥茧后最终总会找出核心的"疾病源头"，再根据医学教科书或医学期刊上所指示的治疗建议对症处置，几乎可以达到一定治疗效果。

然而，自从升格当父亲后，陪伴孩子一路长大，深深觉得孩子成长过程中的教养问题远比生理上的病痛还难以处理，教育专家建议的方法不见得有用，带过许多孩子的长辈建议的方法不见得有用，甚至对老大有效的方法用在老二身上亦不见得有用。每个孩子是不同的个体，有着截然不同的"质"，需要用不同的方法教导，这个道理人人都懂，但最大的困难点就在"不同"！因为没有一定的教养方法，只能不断尝试—错误—再尝试，眼睁睁看着孩子的错误行为无法矫正，费尽心思想出来的方法达不到效果，这对父母来说无疑是最折磨的虐心过程！

看诊时，我也常被家长询问有关孩子的各种行为的问题，例如，"如何让孩子肯吃蔬菜和水果？""孩子这么大了半夜还是会尿床该怎么办？""孩子半夜总是被噩梦惊醒，是不是有什么问题？"我发现比起孩子的生理疾病，家长更在意孩子日常生活的行为举止，也常跟我一样陷入不知如何是好的困境。

我常想："难道没有一种观念或技巧可以像金庸武侠小说里的独孤九剑那样，一招破尽所有孩子的教养难题吗？"

作者刘贞柏医师是我的大学同学，从学生时代开始，他对人与人之间的互动关系就展现出了惊人的洞察力，看事物独特的观点常让我惊叹不已，医学系毕业后顺利进入台北市立精神医学中心接受精神科住院医师训练，目前在台北荣总新竹分院担任精神科主治医师。他不但是我的好同学、好朋友，更是在我遇到孩子教养问题时的重要咨询对象。他不是告诉我该如何教导孩子，而是提供给我更辽阔的视野，让我能从不同的角度看待行为问题，进而引导我思考新的可能性，间接矫正孩子偏差的行为模式。

相信这本书可以启发家长，提供给"用心，只是找不到方法"的家长另外一种思考可能。

让每个孩子都能在自己的跑道上，发光发热

台大医院竹东分院精神科主任
儿童及青少年精神专科医师　苏泓洸

认识刘贞柏医师已经是十多年前的事了，十几年来，从学生时代到进入职场，刘医师把在学生时期的热情与活力，转换成面对与解决患者各种各样问题的细心和坚持，用专业知识及温暖的态度，持续地帮助患者；同时他也乐于将临床经验转换成文字，让更多需要帮助却不见得会求助的人，多了一股协助的力量。因此，接到刘医师要出新书的消息，能先睹为快且推荐给大家，是我的荣幸。

精神科医师常被蒙上一层神秘的面纱，我们不像内科医师，通过病理检查、各类体液检验及影像学检查来了解患者病情，并给予治疗，也不像外科医师，可以通过手术刀或是更新一代的机器来动手术割除病灶，精神科医师的诊断工具和治疗工具就是自己本身。也正因为如此，我们有更多的机会和热情，来探究患者本身及患者背后的家庭系统和环境等困难，并加以解决。

本书中刘贞柏医师以在实务上的例子做引子，探讨分析在临床上常见的各种各样的孩子的问题，并给予家长实质性的建议，让教养的方式不再是通过口耳相传、见树不见林，而是能有较为稳固的基本架构，通过这个架构来看每个孩子的相同与不同。我认为，教养和医疗一样，除了理论基础以外更是一门艺术，这本书就像是艺术的入门，引领进门后，每位家长可以去思考自己孩子的独特性，撷取书中适合的经验，整合进自己平日的教养技巧里面。

受教养过程所苦的父母们，常陷入"到底该让孩子接受怎样的方式才对"的泥沼里，但我相信，与其担心"怕孩子输在起跑点上"，不如思考如何才能"让孩子一直在跑道上"，我也相信通过父母跟孩子的一起努力，孩子才能跑在"属于自己的跑道上"，尽情地发光发热。祝福全天下的家长和孩子！

用耐心，解开孩子的心情密码

亲子部落客　Carly

怀孕生产是每个母亲生命中最特别的历程，怀胎时的美好期待，初生第一眼见到宝宝时的惊喜……一条隐形的线紧紧地系在彼此心上。我们小心翼翼地、认真地摸索学习，如何当称职的父母。抱着怀里的奶香娃儿，四目相视时仿佛拥有了全世界，快乐、满足。我们竭尽所能地让孩子快乐成长，希望他们有良好的品德、正确的价值观，但也常常因为满溢的爱之深与责之切而陷入矛盾痛苦之中。

无数个夜晚和清晨，不成眠，蹑着脚走进孩子房间，细细端看那稍纵即逝的稚气脸庞，懊悔着不久前的叨念和疾言厉色，可爱又不会回嘴的年纪怎么消失得这么快？面对亲子冲突，面对一次次被自我打击的为母的信心，心揪着，痛着！我清楚地知道我的孩子没有问题，更没有生病，问题出在爸爸妈妈身上，教养的方式有问题。和另一半不断讨论也不断修正我们的教养方式，效果总是有限,那个爱撒娇爱抱抱的女儿遇到不顺心的事就乱发脾气,自我意识高涨,成了一颗活动炸弹,有时候炸到学校同学,有时候炸伤自己。我们不过分宠溺,尽量做到不打骂,用沟通和分享的方式,但我总被孩子的眼泪"绑架",孩子哭完换我哭,问题还是存在,我也始终搞不懂,在满满的爱里长大的孩子在愤怒些什么,为什么区区小事就哭得像个泪人儿?

那些不知道要怎么开头的疑问,在一次和刘医师网络上的闲话家常延伸为电话中求助后,有了不同角度的思考,从而借助刘医师的精神科医师专业,抽丝剥茧解开女儿的心情密码。

慢慢地,我学会接受孩子还有自己的不完美,原来不是有"爱"就够了,还要付出相当的耐心和坚强的心智。孩子出生时,父母也如同育儿学校的新生一样,和新生的宝宝一起学习,一起从失败中成长。

很开心受到刘医师的看重和邀请,为他的新书写推荐序,我想,是当时那个无助又自责的母亲,在电话里哭得伤心泪流,令他印象深刻吧!阅读这本书,除了兴奋还多了份感谢,那些曾经和着鼻涕和眼泪谈论到的观点,被具体地印刷成册。育儿教养路上如果你也正面临连情绪都打结,僵持不下的紧张亲子关系,我想套句书中刘医师的话,"孩子不坏,即使有时候他们看起来像小恶魔。认清孩子行为背后诉说的话语,是沟通的第一步"。要想了解孩子的想法,爸妈也必须抛弃自己的思考模式,贴近孩子的思考模式,共勉之。

作者序

"刘医师,我家小孩有没有问题?"我经常会遇到这个问题。找我提问的对象非常广泛,从医院工作的同事到过去的同学、朋友,多次问过我亲子教养的问题。有时是聊天般话家常,偶尔是特别抽出时间好好聊个半天;有时聊天气氛轻松愉快,更多时候朋友家长们谈到深刻感动处,潸然泪下。面对这些场景,我更希望依据专业背景,多尽绵薄之力。因为我知道:帮助一名家长,就等于帮助一对父母,连锁效应传递下去,帮助到行为问题孩子,也将间接帮助到他的手足。

之所以找上我,表面上是因为我的"精神科医师"身份。精神科医师注重心理层面,问我算是问对人了。然而我并非正规儿童精神科医师,如果要寻求正规治疗,可咨询熟识且信赖的儿童精神科医师,为何要询问我呢?

第二层真正的原因在于——"我是他们的朋友,而且找我问问题不必挂号",这当中有很大区别。朋友们并非吝啬挂号费,而是因为"他们的小孩没有生病"。若孩子有明确诊断，如典型自闭症、多动症、发展迟缓等，大部分家长会顺利进入医疗体系，接受恰当治疗。然而有更多孩子并没有生病，他们的家长总想避免将问题行为附上"疾病标签"，这样反而得不到正确的咨询渠道了。

"我的孩子最近入学，进教室就号啕大哭，怎么办？""我的孩子不想去才艺班了，怎么会这样？""我的孩子最近突然变得不敢下楼梯，怎么回事？"这些寻常却重要的问题，在不同家长间重复被提起。经过询问，孩子们大多暂无明显精神科病症特征。然而，既然这些忧心忡忡的家长向我咨询，我总要替他们想想办法。

一开始我会试着了解事情的来龙去脉，看看家长的担心点跟孩子的问题到底是否一致；描述过程中是否有思考盲点；亲子互动中是否有过多情绪依赖与心理投射。这类似心理治疗过程，跟精神分析有共同之处。只不过对象针对的是家长，而不是孩子本身。

除分析问题外，我还根据"认知—行为模式"给予建议。通过条列式建议，让家长从深层情绪上理解"永远有活路走"。许多家长面对亲子教养难以跨越的鸿沟，常有束手无策之感，内心既担忧又委屈。旁观者清，往往稍稍绕过思考盲点就能豁然开朗。因此，真正的解决方式，并非硬照着常规建议走，而是提供另一种弹性思考的选择。让深深苦恼的家长们相信："天无绝人之路，一定还有方法可以试试。"孩子问题在家长的多方努力下，即使未收到立竿见影之效，家长的烦恼在过程中也会逐渐化开，孩子行为也会有正向改善。

从帮助身边的人开始，希望通过本书能向大众推广。身边朋友们的孩子普遍就在本书聚焦的年龄层，书中所列问题也常发生在朋友家长间。"有机会就电话聊聊，有空就约出来聚聚。"医生朋友们真的太忙，还是写本书让大家看看吧！当初正是怀抱这种构想，才促成了此书出版。

感谢父母给我愉快的童年，让我能顺利成长。在编纂书稿时，每每回顾童年经历，比照朋友家长们口述的孩子问题，竟也惊人地相似，仿佛这些亲子角力与教养点滴跨时代地一再重复，令人不禁莞尔。我相信这是亲子间共通的情感羁绊，构成万千世界令人动容的家庭样貌。

谨以此书献给我的父母，以及天下所有用心关怀子女的父母们！

前言

遇上教养难题，专业医师可以给予什么协助？

面对孩子的不正常行为，家长若非亲自发现，就是由老师、保姆告知。自然而然第一时间会向对方征询教养方针。资深有经验的老师、保姆常能提供部分建议。不足的部分，家长会向邻舍亲友咨询，见招拆招，许多孩子的问题便能迎刃而解了。但在某些时刻，老师建议家长直接带孩子找心理医师咨询或找精神科医师看病。某些家长不禁疑惑："为什么老师会要我找精神科医生？我的孩子有那么严重吗？"另外，有些家长希望寻求教养第二意见，毕竟周遭亲友问也问过了，老师也建议过了，但就是效果不明显，孩子行为依旧。想要征询教养第二意见，却又不知道去哪里问。听人家说可以找医生，但专业医生到底能提供哪些帮助呢？

专业医师可提供的协助

- **评估孩子是否为严重精神疾病**：典型精神疾病如自闭症、多动症、注意力不集中、早发精神病、发展障碍、智能不足等，皆需医师诊断。

- **评估亲子互动盲点**：孩子是人，父母也是人。只要是人，就有其行为模式与盲点。当盲点恰巧踩到对方的雷点，易发生矛盾。父母希望孩子好，孩子也希望亲近父母，双方都想更靠近，但因方法不对而屡遭挫折。旁观者清，医师会站在第三方角度，针对盲点提出建议，化解问题。

- **评估家庭动力**：家庭是一个系统，家庭成员是齿轮，彼此协调才能运转。孩子的行为问题往往是家庭系统的失衡，光靠孩子改变，效果很差。每个齿轮稍微"矫正"一下，系统恢复运转，家庭动力顺畅，孩子问题自然就解决了。

- **提供有效资源**：有时孩子面临困难，家长无法解决，需要外在资源协助。孩子发展迟缓，家长不知早期疗育从何时做起，医疗单位可以提供信息；孩子需要认知行为治疗，家长想自费找治疗师，医院亦可适时推荐。

- **提供情绪支持**：现在小家庭居多，家长找不到专业人士讨论。较早以前，教养问题可找明理的长辈请教，或从教会系统内找牧师长老、幼儿园人员讨论。

这些人员的特色是：有指导经验，立场超然不偏颇，能给父母情绪支持，对其他家属具有权威性，讲话有分量，掌握资源，了解人心（心理学）。目前台湾的居民小区资源不足，只能将这类需求转到精神医疗单位，由医疗人员扮演过去的咨询角色。

教养方式家家不同，把握四个基本重点

- **专注优点，看好不看坏**：孩子行为必有"好""坏"两面，教育方针也是。我们鼓励优点，对缺点多些耐心，对成果保持乐观，不以"成功"或"失败"来定义。
- **常见盲点是"九次成功，一次失误"**：孩子跟同学商量借玩具，九次成功，商量失败的那一次"心急出手抢玩具"，老师通知家长，家长也只看到那一次失误。
- **家庭教育根源于日常生活互动**：身教大于言教，孩子会模

孩子不坏，即使有时候他们看起来像小恶魔。认清孩子行为背后诉说的话语，是沟通的第一步。

仿父母，语言指导不过是给予口语上的定义。孩子根据这些语言指导，融入自己思考中，逐渐形成独立人格。指导语不精确，孩子会误解。

- **父母需思考自己的行为对孩子的影响：** 许多父母有鉴于此，为了教育孩子，自己变得谨言慎行，未尝不是好事。反之，不成熟的父母原地踏步，缺乏洞悉自身行为的能力，原本的盲点会在孩子的表现中凸显出来，不明所以的父母还以为是小孩出了什么问题，没想过问题早已存在，"孩子行为偏差"只是个触发因子。

用心思考教养问题是父母最大的优点，当父母感觉有所不足才会向医师咨询。"用心，只是找不到方法"的家长，是本书的主要帮助对象。此书罗列了各种假设，目的在于促进思考，提供另外一种思考可能：

"会不会是这样呢？"
"有没有可能跟你原来想的不同？"
"如果真的是这个原因，我该怎么做？"

治疗师再有经验，也绝不会比家长更了解自己家的小孩。正因为如此，治疗师提出的方向再怎么天马行空，也别急着否认，而应该思考其可能性。以下是常见对话：

"孩子不吃胡萝卜,怎么办?"

"改个烹饪方式吧!"

"我试过了,他怎么都不吃!"

"换卡通餐具,提高兴趣!"

"我试过了,他怎么都不吃!"

"利用甜点奖励,重塑挑食行为。"

"我试过了,他怎么都不吃!"

"找他堂哥来玩,一起吃胡萝卜,用模仿效应鼓励他!"

"我试过了,他怎么都不吃!"

成人以理性思考,孩子则天马行空。要能顺利沟通,先要学习贴近彼此的思考模式。

家长试过很多方法改正孩子的行为，束手无策后才来找心理医师。然而，在没有足够信任与情绪支持前，治疗师给的建议会一一落空——因为家长都试过了，而且掉入"不想再被指导、不想再被责怪"的循环里，排斥弹性思考，听不进任何建议。在本书接下来的篇幅中，会逐一针对家庭互动描述和逻辑假设，借由情境式架构，让父母增加对亲子互动的概念，同时指导父母应用在儿童教育中。

贴心小提醒

儿童行为偏差有各种可能原因，医疗单位可协助评估，并给予父母情绪支持。家长应增加对自己的洞察力，才能无形之中将"洞察能力"传递给孩子，让孩子具有自我反省能力，自动自发、越学越好，皆大欢喜！

PART 1 身心发展

1 蹲在地上画圈圈，害羞内向不是病　002
孩子怕生，个性害羞、内向，难道是自闭症吗？

2 课堂坐不住非多动症，拖拖拉拉有谁懂　009
孩子好动，在课堂上坐不住，无法静下来写作业，会不会是多动症，要吃药吗？

3 是大鸡慢啼，还是不能输在起跑线？　019
孩子智商高，是不是优秀生？孩子的发展比别人慢，是不是要赶快去早疗？

4 校门口的十八相送，哭哭啼啼爸妈好难受　029
拒学、上学哭闹，是分离焦虑症，还是学校老师有问题？

5 全家吃饭最温馨，别把餐桌当战场　039
挑食又偏食，吃饭配电视，跑来跑去追着喂，孩子为什么就不能乖乖吃饭？

6 又尿床了，千万记得半夜不要骂小孩　047
戒了尿布却又尿床，白天常常跑厕所，是故意、不小心，还是心里有压力？

7 噩梦惊哭又梦游，情绪安抚保平安　055
小孩半夜哭醒，是做噩梦、白天玩太 high、被欺负，还是中邪啊？

8 零食诱惑难抵挡，完全禁止不如细心挑选　063
大家都知道零食不太好，但拿糖哄小孩，是很开心的事！到底如何取舍？

PART 2 亲子互动

9 我的天空在下雨，父母接纳会转晴　072
闷闷不乐、每天懒洋洋，难道孩子也会抑郁？

10 说谎的原因千百种，测试爸妈懂不懂　078
天哪，这么小就会说谎、骗人，长大怎么办？

11 紧黏缠人显依赖，逐步放手才能独立　084
整天黏在妈妈身上，是不是爸妈太纵容，是不是应该狠一点？

目录

⑫ 小公主、小皇帝，会吵的孩子有糖吃是大人的错 096
舍不得打、舍不得骂，小孩个个是宝，到底该怎么教？

⑬ 孩子一哭爸妈就心软，心理界线要画清楚 105
爱的教育还是铁的纪律？照书养还是照猪养？是对孩子好，还是爸妈自己想要？

⑭ 西瓜偎大边，就是不站父母这一边 118
爸爸妈妈公婆姑嫂，意见一大堆，小孩见风转舵，大人要怎么教？

⑮ 九十九分不够棒，看坏不看好的完美执着 126
父母要求高，孩子追求完美，遇到一点挫折就受不了！

⑯ 心细体贴真淑女，浮夸敏感假绅士 135
爱干净、爱整洁是好习惯，但过度洁癖真麻烦，以后怎么融入团体？

PART 3
人际关系

⑰ 沉迷电子产品，顺应喜好延伸真实互动 146
平板电脑、手机真的好好玩，但又担心小孩近视、沉迷，该怎么拿捏呢？

⑱ 争先恐后打打闹闹，培养默契一起玩 155
孩子会打人、咬人、抢玩具，是不是因为家长会打小孩？

⑲ 孩子被霸凌，家长应心平气和地解决问题 162
在学校被欺负，应该要大事化小，还是据理力争？

20 见长辈不打招呼，大人小孩互动有技巧　171
要不要逼小孩叫人？小孩没礼貌，大人气得直骂有用吗？

21 过度保护犹不及，行为退化停、看、听　181
明明已经会的，怎么又赖皮说不会了？

22 长幼竞争礼让讲伦常，手足之情从生活中培养　191
争宠、告状、打架，生两个小孩真的比较好吗？

23 父母爱心无限，时间有限，孩子应珍惜　199
物质越丰裕，越不知珍惜；父母越费心，孩子越不懂感激，怎么会这样？

24 孩子在校在家两个样，家长老师合作一条心　209
在学校一个样，在家一个样，父母问太多，会变成恐龙家长吗？

25 从认识身体开始，认识性，培养自信　219
媒体色情暴力泛滥，如何教导孩子保护自己，也尊重别人的身体？

身心发展

1 蹲在地上画圈圈，害羞内向不是病

孩子怕生，个性害羞、内向，难道是自闭症吗？

> "医生，我们家小宝很怕生，见陌生人就躲。他哥哥不会这样，两兄弟差那么多。有朋友看到小宝自闭的情况，建议我带来给医生看。"小宝妈妈一口气说完，忧心之情溢于言表。

许多人误以为"自闭"就是害羞不说话，"搞自闭"就是耍脾气自己玩、躲在角落生气、关在房间不理人。这是习惯性口语造成的误会。精神医学定义的"自闭症"，跟传统口语上"自闭"所指的害羞、怕生有很大不同。

什么是自闭症？

自闭症是先天脑部某部分功能缺失，其影响层面很广，包括患者的思考逻辑与行为模式。这并不是脑部构造上的问题，因此并没有有效仪器能直接检查出病症。再加上此类患者语言沟通能力较差，通常是借由外显行为来推测患者的自闭程度。被怀疑有自闭症的小朋友来到医院，父母们常要填一些问卷，用来搜集孩子的日常行为是否符合自闭症诊断。既然是源于先天脑部功能缺失，就不会因为父母教养态度或生活事件的负面影响而导致发病。

自闭症的核心在于：

• **无法体会世界上其他人的存在**：自闭症患者无法体会到世界上有其他人，无法理解这些人有各自的情绪。无法理解人们会乐于分享、会相互比较、会从小团体到大团体产生各种人际关系。

• **不易发展与人沟通的能力**：如果我们在单独一人的房间生活，也不会尝试跟床、书桌、电视机沟通吧？自闭症患者并非不会说话，而是他无法理解说话的目的是跟其他人沟通，话语中的组成语法常会破碎、让人难以理解。

• **肢体语言贫乏**：人与人之间的沟通，语言只占一小部分。沟通还包括：肢体语言、眼神交流、拥抱、亲吻等亲密互动，借此表达深刻情感。自闭症患者既无所谓其他人，自然也很少看人（或觉得不需要看人），少有眼神接触。肢体互动少，遑论跟其他小朋友一起玩或轮流推秋千了。

• **发展逐渐落后，跟同伴差距越拉越大**：当其他小朋友随着年龄增长发展出复杂的人际互动，如打招呼、玩游戏、分享、

孩子在群体中闷闷不乐，不一定是自闭症。在试图改变他行为之前，先试着多了解他。

嬉闹等，自闭症小孩却发展不出这些能力，相形之下差距越来越大。

小宝并非典型自闭症患者，经医生说明却无法消除小宝妈妈的焦虑，她说："你说小宝不是自闭症，为什么他那么怕生？"

孩子内向、害羞的原因

- **先天气质**：每个孩子都具有先天气质，一种米养百样人，即使是亲兄弟也可能截然不同。个性可以塑造，但也有其限制。逆势而行往往事与愿违。

- **缺乏安全感**：去儿童乐园不敢玩"海盗船"，或许是因为害怕脚踩不到底的感觉。如果家长陪同，孩子有了安全感，或许能增加孩子尝试的勇气。反之，如果不熟悉游园环境，父母也不在身边，则会强化恐惧，令孩子更加退缩。

• **争取注意力**：远远看到毛毛虫，没什么好怕，孩子却显现出过度害怕，不敢从旁边走过（即使还有段距离），非要紧紧跟着大人，妈妈轻声安慰才走过。这种成功争取注意力的行为模式，会强化孩子的退缩习惯。

• **避免失败**：在家跟年幼的弟弟妹妹猜拳很容易赢，到外头遇到的是大人或较会玩的邻居小孩，猜拳反而容易输。孩子从而产生错误印象：在外头不要随便跟其他人玩，因为容易输，久而久之出了家门反而变得退缩。

• **谨慎小心**：一朝被蛇咬，十年怕井绳。一次过马路差点被摩托车撞，之后过马路就会小心翼翼。这种谨慎态度扩展到其他方面，就会被误认为胆小内向。

• **测试周遭反应**：孩子个性尚未定型，有时孩子展现不同性格，借此观察周遭的反应。比如平常活泼的孩子突然闷闷不乐，有时找不出原因，几天后会自然恢复，无须过度担心。

• **幻想世界**：孩子受电视剧、电影的强烈影响，恐怖情节或悬疑气氛深印在脑海里，造成短暂退缩怕黑、不敢独处。如果恐怖印象挥之不去，退缩可能延续下去。

• **家庭习惯**：龙生龙、凤生凤，父母少户外活动，喜文静休闲，孩子也会倾向于室内活动。

• **同伴竞争**：体育课打躲避球，反应敏捷的同学会拿球丢人，跟不上的就学闪躲，避免被打中。功课不好的同学，上课最

每个孩子都有先天气质、智力、体力与想法的差异。

好安静，否则容易被老师点名。同伴竞争会使居劣势的孩子趋于内向，以求自保。

- **依赖习惯**：孩子主张自己意见，连带要负相对责任。嚷着要吃面，煮好只吃半碗就挨骂。依赖父母做决定的孩子，问他意见他总是倾向于不表态，看似内向，其实是过于依赖的缘故。

父母无须依照上列清单一一对照，看看自己的孩子符合哪种。列举说明是为了让父母明白：孩子的行为，无论是害羞还是内向，都有多种原因。经由行为分析可以找到蛛丝马迹，帮助父母针对重点改善。

Column 自闭VS内向

	自闭症	高功能自闭症	亚斯伯格症	内向
智商	高比例偏低	正常	正常	正常
语言发展	差	差	正常	正常
在团体中的主动表达	欠缺语言表达	欠缺语言表达	随情境转变无太大差异	比在熟悉情境中少，也会随社会情境调整
能以肢体语言如眼神、表情、手势等表达抽象感受	差	差	差	正常
会察言观色，通过表情解读他人情绪	差	差	稍差	正常
能跟其他小朋友有默契地玩成一片	差	差	差	正常
重复刻板行为	有	有	有	否
僵化的自我规则	有	有	有	否

贴心小提醒

孩子的内向、退缩通常是有原因的,需要父母细心观察。针对问题务实地讨论,寻求解决方式,而不是执着于"到底有没有自闭症"的诊断。许多孩子在父母的关怀下,问题自然而然就解决了。

课堂坐不住非多动症，拖拖拉拉有谁懂

孩子好动，在课堂上坐不住，无法静下来写作业，会不会是多动症，要吃药吗？

> "医生，老师说毓雅上课爱讲话，是不是多动症？"眼前六七岁的小女孩，白白净净，羞怯地看着我。"如果白天带孩子们出去玩，回家就不会吵。"毓雅妈妈望向对空气挥拳的小男孩补充，"那是她的双胞胎哥哥多多。"
>
> 多多一会儿打拳、一会儿跑来看我桌上的电脑屏幕，伸手要拿鼠标玩。"多多不要这样！"妈妈出声制止，回过头说，"多多正在看精神科治疗多动症，白天我会拜托老师拿药给他吃。以前没吃药的时候，状况更糟……"

有些小朋友上课动来动去，爱跟同学挤眉弄眼，甚至说话打闹，老师看了不对劲，加上屡劝不听，于是会交给特教老师评估。如果疑似多动症，这些孩子会在老师建议下由家长带到医院。

然而，这些"不守规矩"不能以"多动症""注意力缺失"等医学名词一概而论。背后的可能原因包括：

- **家里严格学校松**：在学校跟同学玩得很疯，回到家却因家教很严，所以循规蹈矩。
- **对女生要求娴静端庄**：家庭文化男女不平等，于是女生活泼的一面只在学校表现。
- **孩子在家里情绪紧绷**：父母失和，孩子常成为被迁怒或父母情绪角力的对象。在学校才能放松，整个大解放。
- **在家中排行较小的**：弟弟老争不过哥哥。在学校弟弟跟同伴比起来占优势，较自信活泼。
- **同伴竞争有限资源**：营养午餐每天布丁只多两三份，吃完的同学排队，先抢先赢。孩子为了竞争额外点心，吃东西速度比在家快。

从这几个原因来看，学校着重团体生活，强调竞争表现，鼓励主动态度。

表现不错的孩子，受到鼓励更加积极。只不过若分寸拿捏不好，就会被当成捣蛋鬼。

如果家长听到老师提醒后第一个反应是：小朋友在家不会这样啊！会不会是老师误会了？心里筑起高墙，便会错失了解真实状况的机会。心不甘情不愿带孩子看医生，经评估后发现没有明显典型多动症症状，家长就认为孩子被老师冤枉，拿评估结果回去向老师说："医生说我家孩子没病（老师你错了）！"

学校老师提出相关建议，家长第一步需要弄清孩子在校状况，比较老师跟家长分别在学校和家里观察的是否一致。家庭和学校情境不同，孩子有可能表现不同。对两边观察不一致的地方，不要急着辩白指责，而是想想其中可能的原因有哪些。即使真是多动症，也要从正确角度了解疾病。

上课不专心，可能是因为喜欢跟邻座小朋友打打闹闹。

什么是多动症？

多动症是一种生理层面的脑部疾病，跟孩子是不是故意捣蛋无关。常见症状包括：

• **活动力充沛，仿佛一节用不完的电池**：多动儿到陌生地方也很快开始东摸摸、西看看，几乎不怕生。

• **活力旺盛，耐不住性子排队**：看到有趣的东西顾不得其他就冲上去，家长要阻止都来不及。在家听到门铃响孩子一边尖叫，一边往大门冲，急着看谁回来了。

• **常伴随注意力缺失，做事易拖拖拉拉**：不只写作业耗时很久，吃顿晚饭都要花上两三个小时，没吃两口就跑到别处看看摸摸。

- **转换学习环境时，易暴露缺点**：家中长辈有耐心，从小跟着磨性子，总是自我安慰说男孩较活泼。然而当进入幼儿园或上小学，转换到不同环境学习时，很快会被老师注意到不对劲，家长获知孩子疑似多动症后，才去寻求后续评估或治疗。

多动症一定要吃药吗？

目前，市面上并没有针对多动症或注意力缺失的"治愈特效药"，无法单靠服药让脑部"变好""恢复"。关于药物治疗，必须了解：

★药物的功效与副作用

治疗目标在于"改善症状""让症状跟生活取得平衡"。药物本身无"治愈效果"，因此剂量"足够就好"，家长可以在某些时刻降低药物剂量，如假日、休闲活动时间、体育课。这些时段孩子不需要高度集中注意力，药物可以顺势减量。若是数学课，孩子需要高度集中注意力学习，这时段的药物剂量应固定。服用药物的相关副作用包括失眠、食欲降低等，目前市场上也有替代药物可以选择。

★重视孩子"学习状态"

学习状态是动态变化的，不能单靠片段就下结论。不论有无多动症，孩子若学习遭遇失败，而失败原因无法通过大人理解被解除，失败就会导致挫折，多次累积挫折会降低学习动力，最后自我放弃。

很高比例的多动症孩子"最有兴趣的课程是体育课"。并非他们在体育方面有特殊专长，而是其他学科因多动症而表现低落，连带对该学科越来越没兴趣，认为是自己能力差，学不好。

低年级体育课的技术含量不高，只要活力十足在操场上冲来冲去就能获得瞩目，于是多动症孩子变得"最喜欢体育课"。

★ 避免被贴上标签

我们的教育环境强调智育，学业表现不好易遭责骂，还被贴上坏学生标签。贴上标签后，更易自我放弃，受到烟酒诱惑或交上坏朋友，演变为打架、抽烟等行为问题，更难取下坏学生标签。

★ 重建失去已久的信心

让孩子发现"原来自己有机会能好好学习，听懂上课内容"，从恶性循环变为良性循环，学习与人相处和社会化成长。即使因脑部缺失导致智育学习效果差强人意，其他部分仍能顺利学习，这才是药物协助的重点。

Column　常见药物"利他能"

中文商品名：利他能
英文商品名：Ritalin
英文药物名：methylphenidate

多动及注意力缺失症（Attention-Deficit Hyperactivity Disorder, ADHD）常用的第一线药物。常见种类为短效型，每日分次使用。亦有中长效剂型。

给孩子灌输正确观念

"此药可以帮助发挥我应有的能力""我将来可以靠自己越学越好，不必再服药""其实我做得到"。

错误认知

"只有当我服药时，才能集中注意力""药物可以让我表现更好，所以与其自己多加努力，不如记得要吃药""我都吃药了还无法专心，是药物没效的缘故"。

使用药物时最好搭配认知行为治疗

许多父母不知不觉中忘了：服药只是方法途径，主要目标第一是提高"学习动机"；第二是提升"学习成果"。

学习成果差，当然容易学习情绪低落。久而久之孩子兴趣不高，根本不想学。但若只强调学习成果，那么孩子也只能学会"通过各种方法来提升学习成果"，以本例而言，孩子就易养成"非吃药不可"的观念。

案例

上数学课，多多无法集中注意力：上课听不懂、学习成绩差、考试分数低、挫折感降低了他的自信心、对数学课产生排斥、自责脑子笨。

强调正面学习动机

通过药物改善注意力。妈妈关心地询问学习状况："有没有觉得最近比较专心？""其实你好好静下心来，是可以听得懂老师教的，对不对？""你看，你做得到！妈妈对你有信心，你对自己是不是也有信心？""多多不是脑子笨，是学习上遇到了困难，我们一起来努力克服，好不好？"

避免负面指责

"有没有记得吃药？""有没有捣蛋调皮、上课说话？""老师讲的你有没有专心听？上次不是学过了吗？作业怎么还写错？""吃过药怎么还不专心？你有没有认真啊？"

药物使用注意事项

依照医嘱使用，不要超出剂量。

非经医师开的药物不得服用，不要转让或给其他人使用。

药物使用最佳时机为"需要集中注意力的课程"，换言之，体育课、音乐课、放学后或寒暑假期间，可依生活作息调整，尝试减少服药剂量与频次。

可能的副作用包括食欲降低、失眠等。任何其他身体不适，即使不一定跟药物相关，也可以向开处方的医生询问。

课堂上有很多意见,总是问天马行空的问题,或是爱讲话的小朋友,不一定是多动症。

拖拖拉拉,是注意力不集中吗?

"是啊,多多以前上课坐不住常被老师处罚,后来变得不喜欢上学。服药后坐得住,虽然还是"少根筋",但能适应学校环境,老师偶尔还会称赞他,于是多多就不排斥上学了。"妈妈接着说,"听到老师这么讲,我怕毓雅也多动,她写作业总是拖拖拉拉,跟她哥哥很像。"

写作业拖拖拉拉,不一定是注意力缺失,要先评估孩子的基本能力,包括:

- **智能:** 大脑认知功能相关能力,包括逻辑、空间概念、算术等。

- **视力及阅读能力**：弱视、近视等视力问题。另外有的孩子"阅读"特别吃力：眼睛看物体没问题，但阅读文字时，大脑要将眼睛看到的文字"解读"出来，过程中就会产生问题，造成效率不高，严重者可能有"阅读障碍"，这种特殊障碍患者，说话、唱歌、计算都没问题，单单阅读能力不佳。
- **书写能力**：包括握力、持笔、手部肌肉运动、协调功能。有的孩子肌肉运动没问题，但持笔过度用力、手酸、手臂姿势过度费力，需要多次休息，间接造成写字拖延时间。

除基本能力外，孩子写作业拖拖拉拉还跟习惯及环境相关：

- **写作业的书桌椅**：有些家庭没准备合适高度的书桌椅，孩子在过高的餐桌上写作业，增加了肩颈负担，容易肌肉酸痛，无法端正坐姿写字，在过矮的茶几旁盘坐在地写字，或在沙发上靠着扶手写作业，都面临类似问题。
- **写作业的情境**：孩子待在书房写作业，家长在客厅看电视，看到精彩处哈哈大笑。孩子受影响，心猿意马，跟着借故上厕所、开冰箱、东摸西摸，无法专心。或如兄弟两人，弟弟年纪小没作业，哥哥看到弟弟整天玩，自己也无心功课。
- **书桌旁太多玩具**：孩子即使有书桌，如果旁边书架上摆满玩具，孩子眼睛不时瞄一下，脑海想象沉浸在玩具世界，也会影响写作业的注意力。
- **作息安排不恰当**：孩子洗完澡、吃完饭才写作业，全身放松、昏昏欲睡。动画片看过了、玩具也收起来了，剩下只有写作业，当然兴趣不高。父母为了不打扰孩子学习，在孩子九点上床睡觉后才看电视。但偏偏九点已到，作业才写了不到一半，该怎么办？

以上各种情境假设，是为了从孩子的角度分析问题，避免直接归咎于孩子"不专心""不认真"。父母可以利用这种多元化及弹性思考，从细节推敲，发现并且面对真正问题，才能有效地改善孩子的行为偏差。

贴心小提醒

> 典型多动症跟脑部活性有关，吃药的目的是中断学习挫折的恶性循环。写作业不专心的原因有很多，主要跟环境有关，不是光吃"专心药"就能解决的。

③ 是大鸡慢啼,还是不能输在起跑线?

孩子智商高,是不是优秀生?孩子的发展比别人慢,是不是要赶快去早疗?

> 这天毓雅跟着妈妈来医院看心理衡鉴报告,我看了结果,惊讶地说:"毓雅的基本能力不错耶!综合智商高达一百二!""这是很高分吗?满分几分?智商就是IQ吗?"妈妈问道。

小朋友来到儿童心智科,医生常安排心理衡鉴来评估孩子的基本能力,其中一项就是"智力测验"。

智商就是智能商数,是测验分数和全体平均点值所得的比值。如果绝大部分人考高分、得较多点值,整体标准会被拉高。如果大部分人考一百零五点,商数计算最后会按比例调整为一百;考更高点值的,则依商数比例放大。所以大部分孩子"很容易考一百分",因为一百就是平均值。

智商高一点别得意，低一点也甭紧张

- **平均值范围**：智商八十五到一百一十五算"合理范围"。
- **智商九十**：比较迟钝、学习反应较慢。这算不算"异常"？根据计算标准，不算。
- **智商一百一十**：功课在班上排名靠前，但也称不上"优秀""天才"。

就像赛跑，假设一百米全校平均成绩是十八秒，每个标准偏差两秒，学生跑十六到二十秒是合理，不会说跑二十秒就算特慢，十六秒就是"飞毛腿"。如果与平均值相差太多，才要开始注意。

家长不需要对合理范围内的智商患得患失。家长不要认为孩子得九十五分偏低，要求多安排几次测验，期待提高分数。既然得分在合理范围内，就有可能后来居上，通过练习或学习方法补强改善，也可以寻找孩子独特的兴趣专长，针对目标培养能力。智商高一点别得意，低一点也甭紧张，不需在大众学科领域争长短。况且，多做几次会有练习效果，反而不准确。一般来说，一年最多做一次，超过就不准了。

如果测验成绩达到轻度或中重度智能障碍，应该寻求适当教育资源及学习环境来协助孩子。智商偏低并不是一种疾病。既然跟全体比较，一定有人高、有人低。好似身高，总有一定比例身高脱离平均值，坐全班最前或最后一排。只要排除软骨发育或代谢异常的侏儒、巨人症等医学问题，就可以放心。

被贴上精神疾病标签的孩子,常无故蒙受过多指责与歧视。

低智商不是疾病,因此无所谓治疗。目前并没有"聪明丸"这类药物可以改善智能障碍。

> "毓雅聪明的程度超过我的预估,好好培养,大有可为!"
>
> 妈妈松了口气,但忍不住说:"她在家里什么都不会做啊!"
>
> "你有试着让她做做看吗?比如让她独自去便利商店缴话费。"
>
> "那么多钱,路上遇到坏人怎么办?"
>
> "你有没有让她练习讲故事,用不同口气扮演故事角色?"

"家里就多多跟她两兄妹,平常是多多要找她玩。但男女生玩的不一样,玩一玩就不玩了。"

"那你有没有让她帮忙切菜、煮汤?"

"她还小,拿刀、用火有危险。我平常上班忙,简单煮。让她帮忙的话,反而要花更多时间。"

"如果你让她有机会试试看,说不定会有令你惊喜的事情发生呢!"我提醒毓雅妈妈。

多刺激大脑,放手去学,孩子就会进步

过于保护,不让小朋友练习,他永远没机会学。

★尝试让孩子练习简单家务

初级的如摆碗筷、擦桌子;中级的如洗碗、晾衣服;较难的像打扫、煮饭等,都可从小开始练习。

"毓雅连擦桌子都很困难,写作业也慢半拍,如果要她用电饭锅煮饭,全家大概不用吃晚餐了。"毓雅妈妈说。

孩子练习的目的在于"多方尝试、开发大脑潜能",为了这个大前提,需要投注额外时间,在孩子学习过程中耗费多余时间是必然的。如果只为了效率,不让他们练习,孩子可能永远没机会学习,更没机会犯错,缺少从挫折中学习及培养受挫力的经验。

> 孩子的各种行为都是在学习和尝试练习中以及在人际关系中取得平衡的。

　　智商高出一般人的毓雅尚且如此，对于一般智商或智商偏低的孩子更是这样。怕孩子慢半拍或出差错，为省事不让他们练习，那么他们就永远没有学习的机会，原本具备的能力也因少用而生疏，或因害怕失败而越来越退缩，整体功能被低估，孩子学习过程就会进入负向循环里。

　　幼童的初期学习重点不在"智育"，而在"刺激大脑"。孩子的脑神经系统还在发展，尚未定型，借由多样化外在刺激，能有效地进一步开发大脑潜能。

★家长鼓励开发幼儿的感官能力

　　让他们多感受视觉、听觉、触觉、味觉、嗅觉等各种感觉。不要急着将各种感觉下定义，而是去多体会感官的不同层次。

- **看颜色**：不要太快要求孩子知道"这是鲜红色""这是粉

红色""这是暗红色",这是"死记"。应该鼓励他们感受"光影、颜色、明暗"的基本感受。

> **Tip** 同样是红色蜡笔,随着涂鸦的深浅笔触,呈现出不同的红色样貌;搭配不同的灯光或日照,会有光影变化。画在不同颜色的纸上,也会呈现出不同的缤纷。

- **尝味道**:同样吃苹果,也分冰的跟不冰的、甜的跟没那么甜的,产地、季节、不太熟跟熟透的,各有风味。

> **Tip** 不必太早让孩子在心中定义"这味道好""我喜欢这个味道""我要多吃这个味道""我喜欢吃苹果"。

★鼓励运用创造性表达

不要限制孩子的特殊表达,反而应适时鼓励。

"天是蓝的、树是绿的",认知上正确,这是制式的表达。我们应该激发孩子的艺术想象:天是橘色的,因为有晚霞,晚上的树可以是黑色的。这种创造性表达可增加想象力、培养观察力,更可以跳脱传统逻辑思维,活化大脑。

更具创意的表达,例如:看到美丽的天空,你想到哪首歌?想到哪种动物?你会想到谁的脸、谁的表情?高度创意性表达看似天马行空,但正可发挥孩子的大脑优势。

大人可以这样问，小孩不必如此答：大人以创意性问题提问，小朋友很容易被"问住"。因此语气要和缓，用意在"鼓励孩子活用大脑"，而不是"用很难的问题让他们答不出来，甚至造成退缩跟挫折"。把握孩子在细微处主动发挥创意的瞬间，以口头及肢体语言鼓励并延伸其创意。

★流行快餐易让孩子的感觉钝化

先撇开营养失衡跟过度添加食品添加剂的汉堡、薯条不谈，试着想想：无论是在台湾还是纽约或加州，你踏进快餐店都会看到类似的装修风格、闻到空气中类似的油炸味、尝到味道类似的食物饮料。

食品中添加过度油脂和糖盐调味，会吸引大脑产生愉悦错觉：孩子以为自己爱吃快餐。大人们也误认为孩子爱吃，尽管知道吃多不好又无法克制。

当感官封闭，大脑也越来越封闭。商业手法会"通过调味鼓励大脑呆板钝化，却又一再想吃"。久而久之，缺乏弹性思考也就不足为奇了。

快餐餐厅营销手法就是"让孩子在不知不觉中越吃越多"，让大脑变得呆板，丧失挑选食物的能力。有鉴于此，应尽量减少此类食物的摄入。

★多元化教学，深入学习本质，不拘泥形式

多元化学习不能只依赖于参加才艺班，而是要从生活周遭注

意细小变化，观察存于其中的万千世界，再从思考中点滴领悟、汇集智慧，并热切地在心中产生共鸣。没错，照这样的学习逻辑，不只是孩子，成人也能在这条路上不断前进、自我成长，达到丰富心灵的目的。

什么情况需要早疗（早期疗愈）？

有些家长不想让孩子输在起跑线上，打听到"早期疗育课程"，询问我是否越早参加越好。早期疗育主要针对特殊障碍孩子，比如说当孩子有以下状况时：

- 走路、跑步常重心不稳而跌倒。
- 抛接球接不住。
- 汤匙、叉子拿不稳。
- 运动姿势怪异。
- 讲话不标准、发音有问题。
- 情绪表达与情境不一致，包括突然发怒、难以安抚激动情绪等。
- 与同龄孩子相比，缺乏用恰当语言跟肢体语言与他人沟通的能力。

早期疗育重在把握黄金时间。在大脑成长的关键阶段，应替发展迟缓的儿童尽早安排专业疗育。发展迟缓包括：

- **运动、跑跳平衡**：以平衡障碍来说，眼睛是视觉平衡很重要的一环。视力看东西没问题，腿部的骨骼、神经、肌肉没问题，但视觉"平衡"出现障碍，常会导致跑步跌倒。

经过感觉统合训练后，协调度增加，也许跑步速度跟原来差不多，但可以跑得比原来更稳定。

- **感官功能知觉**：评估特殊感觉，如视觉、听觉是否有障碍或不足，或对外在刺激过于敏感或迟钝。针对这些缺陷予以量化评估，适当辅以助听器改善听力或眼镜矫正弱视，脑神经发展才能顺利衔接。

- **语言情绪表达**：以语言治疗概念为例，若齿、唇、舌及喉部肌肉协调不好，孩子就无法正确发出某些音节。父母未受过专业训练，只能反复要求孩子"仿说"，大人越教越受挫，小孩越学越难过。语言治疗师具备特殊专长，熟悉音节及发音解剖构造的关联，会利用特殊发音或短句歌谣针对弱势音节强化，同时提高孩子学习动机，有效率地进行改正。

- **智能及沟通能力**：以沟通来说，口舌发音没问题，对文字理解没问题，但对语言表达的"情绪层面"整合度不佳，间接造成情绪辨识度低，产生沟通障碍。

孩子无法清楚表达情绪，也无法接收辨认他人情绪，久而久之，情感表达越来越退缩，行为上因找不到适当表达方式而越来越急躁，恶性循环下面临大人更多指责，最后每况愈下。

六岁以前尽早介入，帮助孩子针对障碍点改善。通过早期疗育，让孩子被低估的部分顺利发展，达到应有水平。早疗不是让孩子变得更聪明或好上加好，而是让孩子不因小部分关键障碍而丧失大量正常功能。正确评估，寻求合宜资源，适当疗育，就能把握黄金时间顺利发展。

贴心小提醒

儿童学习发展的重点就是脑神经发展。除智力测验外，其他如运动感觉统合、语言沟通等项目也可以评估。家长应把握黄金时间提供多元化刺激，促进孩子脑部发育及脑功能发展。

4 校门口的十八相送，哭哭啼啼爸妈好难受

拒学、上学哭闹，是分离焦虑症，还是学校老师有问题？

"我们家山姆最近入学，在门口跟爷爷奶奶十八相送，到教室还继续哭。已经好几天了，怎么办？"山姆的妈妈张太太说。山姆躲在妈妈怀中怯生生地撒娇。

"上学应该会来不及吧？他每天早上在家里耗什么？"我问妈妈。

"一下说要尿尿、一下说要喝水、一下换铅笔，反正很多事。山姆的爷爷奶奶也宠他，要什么就赶忙拿给他，每天拖拖拉拉。"张太太轻叹，脸上显现出无可奈何的表情。

每当夏季开始进入尾声，天气逐渐转凉时，总有一批小朋友蓄势待发，准备开学，从家庭走入学校，开启全新未知的领域。尤其是那群准备上幼儿园或直接开始上小学的孩子。在家里"集三千宠爱于一身"，如今参加团体、走入人群。跟那些无论喜欢或不喜欢的同学坐在同一个教室里；教室前面陌生高大的老师，敦促着日常规矩外，还给每个人打分数，催促大家学习课本里头

困难的知识。

宝贝上学去，父母要做的心理准备

★学习的本质是挫折

学习用的课本中应该是孩子从没学过的内容。如果孩子早已学会，如在家已学过拼音，那么老师只不过是复习一遍，称不上学习。学习在于"借由指导，学会原本不会或不熟悉的领域"。换句话说，学习本身就是"充满挫折的过程"。孩子个人的抗压性、受挫力，在入学之后会一一受到挑战。能力不足或落后的，很快就会暴露出来。

学习的本质是挫折，学习不只是背诵，更多时候是在磨炼孩子的耐心。

★ 同伴竞争

家庭跟学校的差别：哥哥大波比弟弟小宝年长两岁，很轻易地在各方面领先弟弟。跟小宝比起来，哥哥学得快、跑得快、跟大人们互动良好，理所当然地培养出了自信。然而等到大波入学，放眼望去都是同龄小朋友，高矮胖瘦、跑得快的、跳得高的，各有不同，原本的自信受到挑战。大波若能顺利竞争成功，还能挺过一阵子。若居劣势，老师和家长又没能适时伸出援手，单靠大波自我调适，当然比较辛苦。

★ 不要低估孩子的调适能力

这是必经的过程，也是成长的本质。在学习过程中，人们绝大部分是靠自己慢慢走来，靠别人的少。孩子的自我调适能力比父母想象中要强得多，只是没大人那么好，需要较多的"自我保

校园同伴竞争，有第一名就有最后一名。学会接纳自己的缺点，失败才不会气馁。

护"机制。就像一个电瓶,刚开始容纳电量小,在扩大电容量前,也只能适时放电,甚至偶尔跳闸,避免整个电瓶烧坏。这种"自我保护"在心理学上称为"自我防卫机制",是合理的心理作用,在适当范围内保护我们。

★ 情绪宣泄有其必要

孩子放声大哭或闷闷不乐,都是某种程度的"放电",经历挫折之后,靠自己调适。大人若贸然干涉,变因增加,反而看不清孩子原本的样貌。其中一例就是刚入学的小朋友"哭着不肯上学"。

什么是分离焦虑?

分离焦虑可能是一种互动的结果。分离焦虑不仅发生在孩子身上,也发生在父母身上。

> 妈妈说山姆到教室继续哭。我问她,是不是老师转告的。
> "我跟到教室去看啊!我亲眼见到的。"张太太说。
> "山姆知道你在看他吗?"
> "有几次我离开后又不放心,偷偷回去看,看到他会回头找,但我尽量不让他看到。"妈妈才刚说完,山姆就抢话说:"我有看到!"

相同的场景，让我们从不同角度来看：

- **孩子的角度**：孩子哭了，父母出现给予安慰，孩子内心重获安全感，平静下来。
- **父母的角度**：对父母来说，孩子哭了，自己前往给予安慰，看到孩子平静下来，父母觉得"自己是被需要的、被重视的，我在孩子眼中是不可或缺的"，双方在心理上各自获得满足，进而深化情感，这本是合理且自然的过程。

孩子为融入团体，相对要离开父母。焦急的父母透过窗户，看见孩子跌倒，总会心急："为什么老师还没看到？为什么我不能冲进去扶他起来？为什么我只能眼睁睁看着，不能进去提醒老师一下？"想着想着，很多父母拼命忍住。接着跌倒的孩子站起来，左看右看没人理，哭也没人注意，再不起来就跟不上大家游戏的拍子了！自立自强、揉揉膝盖，没事般地继续活动，瞬间又长大了一些。给孩子多一点点时间，他会顺势长大一点点。

失落的父母把这些看在眼里，对孩子的成长感到欣慰之余，不禁也默默失落："果然是不需要我了啊！""孩子是不是就这样越走越远了？"一边想着一边掉泪的父母，不在少数。

孩子每成长一步，就是离父母远一步。孩子往前跨出的每一步都伴随着成长，而父母看到的每一步都既欣慰又怅然若失。

大人过度情绪表露，会影响孩子

于是总有些"忍不住"的父母，忍耐到了极限，不能继续坐视不管，决定出手干涉。有些父母秉持理性，针对重点向老师反映，顺利解决；有些父母却把重点放在"表达大人自己的情绪"，做出不适当的情绪表露，张太太就属于这种：

> 山姆参加游戏课，不小心跌倒。地板铺有保护垫，没什么大碍。张太太看到，对老师脱口而出："你没看到我孩子跌倒啊？""你也有注意其他小朋友，怎么没注意到我们家小孩？""你有没有认真关心我家孩子啊？"

攻击性的情绪语言，其实是张太太内心的声音："我很关心山姆！没人比我更爱他、更关心他！""看他这样我很心疼、很难过、紧张到快哭出来！""我紧盯着他的一举一动，走到哪儿跟到哪儿。老师你能不能像我一样用心看顾我的宝贝？"

这表达与其说重点在山姆，不如说张太太误将重点放在自己的感受上。原来张太太与公婆同住，压力很大，为了孩子，投注了全部心力与时间。用心良苦，张太太觉得先生跟公婆都不了解，常说管太多、太严厉，让自己这个做妈妈的很为难。这种无助感、不被了解的心，在山姆跌倒的那一刹那被重新点燃，接着被"老师没有立刻发现"所引爆。说到底，这是张太太自己的困难，跟山姆跌在软垫上没有直接关系。

过度情绪表露，容易因攻击性言语与老师对立。无法合理解决问题不说，山姆也耳濡目染学会了"高情绪表露"的行为模式。

破解之道：大人要审视自己既定的行为模式，加以调整。情绪表露本身是合理的，只不过方法要适当、传递的信息要明确，让对方清楚了解。不只是孩子的情绪需要被人照顾，大人的情绪也是。若父母的心能平静下来，奇妙的事将会发生，孩子也会平静。

如何引导孩子融入新环境

关于拒学、哭闹，另有方式可供参考：

★协助孩子熟悉环境

任何人到新环境都需要适应，幼童更是如此。利用短期陪伴，带孩子到校园，课余时间多走几遍，吃些点心，跟老师聊天时让孩子陪在身旁，能增加孩子对环境的正向熟悉感。

★检查细节

幼儿对陌生环境害怕是出于天生的保护机制：怕找不到娃娃车（相当于幼儿园校车）位子坐、司机叔叔看起来很凶、怕被娃娃车甩出车外（电视新闻确实报道过）、不知道娃娃车的班次及排队顺序（有时先排队的可以先选位子），任何小细节都可能让

有些孩子上学哭不停，需要较长时间适应。

孩子产生疑惑。疑惑会因某次不良印象（如坐娃娃车坐到一个脏污的椅子）强化，想法越固执，排斥越大。

大人看来无关紧要，孩子却因此不想上学。如果适当澄清，孩子反而接受度增加；大人视而不见，孩子因觉得不受重视而加强负向观感。

★评估生理需求

按照正常生理，吃完早餐后肠胃蠕动增加，引起便意。孩子吃完早餐，收拾好正准备等娃娃车时开始"肚子痛"，其实是准备排便。若这时大号，娃娃车随时会来，就要让娃娃车上的老师和同学等自己大号，很丢脸；若忍到幼儿园，又不想在学校大号，最后只好忍到放学。

孩子搞不清楚"饭后肚子痛想大便"不是生病，是正常生理反应。由于不了解，只能选择"不敢吃早餐，以免肚子痛""肚子痛就不要上学，不然很丢脸，全车都要等自己""不想在学校厕所大便，干脆不去上学"。

解决之道：提前半小时起床，等顺利解便后再从容等待娃娃车，孩子就不会紧张了。适当解决孩子生理需求，能化解很多困难。

★ 提供习惯的行为模式

有的孩子会在刻板习惯中获得安全感：起床、盥洗、吃早餐、拿书包、娃娃车上的特定座位。若孩子有这种特质，不妨在适应初期提供固定习惯。先让孩子不排斥上学，再逐步学习弹性适应环境。

★ 送孩子上学，不是赶孩子上学

有些孩子很敏感，知道父母也赶时间上班，潜意识觉得自己是被赶去上学，而不是因为上学很重要。若抗拒上学，父母因觉得耽误上班而发脾气，孩子反而更闹别扭。针对这种状况，不妨将时间提前，避免父母赶时间而"赶孩子上学"的气氛。

★ 终止恶性循环

拒学哭闹很多是由于恶性循环，逐步才演变成现况。重点在于中断这种循环，而不是将来永远要提前起床，耗费时间。孩子熟悉环境后会逐渐融入团体，父母可调回原来作息，不必时时紧绷。不必担心"以后每天六点起床,那怎么行",只要投注适当时间成本,将孩子上学的行为模式略作调整,等改善之后就能恢复原本作息。

贴心小提醒

> 学习充满挑战和挫折,但孩子有自我适应能力。家长帮一把,避免过度焦虑,孩子往往就能顺利适应校园生活。

5 全家吃饭最温馨,别把餐桌当战场

挑食又偏食,吃饭配电视,跑来跑去追着喂,孩子为什么就不能乖乖吃饭?

> 家长端来食物要喂,孩子却盯着餐桌上的平板电脑,有一搭没一搭地张口,甚至含着饭不咬不吞,注意力都在游戏里头……

孩子从婴儿时期用"吃"与母亲建立关系。母亲哺育婴儿的喂食行为,会进一步深化母婴关系,是将来孩子身心发展的重要基础。由于婴儿毫无自我控制能力,只会以哭泣来模糊表达,因而父母只能尽全力满足其一切需求。这阶段婴儿的内在世界一片混沌,谈不上"教育"。

等到婴儿长大成孩子,开始跟外在世界产生更多联结,逐步将想象与现实联结,这时家长才开始训练孩子关于生活中的基本规则:"吃喝拉撒、定时定量。"

什么时候才是训练的好时机呢?要早早做准备训练,还是顺其自然?有家长坚持两三个月时就开始训练半夜减少喂奶,甚至不喂,借以促进睡眠;也有的妈妈选择自然断奶,断奶前采取较

自由的方式。

孩子早期的哺食经历会影响之后上饭桌照规矩吃饭的模式。早早训练的，长大或许比较好喂；自然渐进的，长大会发生挑食、拒食的也不少，目前并无定论。

吃饭问题多，不是狠下心肠能解决的

孩子饮食上常见的问题有：

・**挑食**：坚决不吃某些食物。家长担心营养失衡，要求孩子吃下，屡遭抗拒。

例如，蔬菜或具苦味的食物。

・**拒食**：不吃饭、吃一点就饱。怕孩子瘦巴巴、这个不吃那个不吃，家里长辈叨念。孩子不吃，形同增加父母心理负担。

・**吃饭拖拖拉拉**：吃饭三催四请，或借机要求玩手机、看动画片。吃饭时间拖得越长，玩游戏的时间就越长，变相鼓励孩子拖拖拉拉。

吃饭很重要，又是每日例行作业，有时孩子的拒食、挑食甚至演变成亲子角力："如果你不答应我的要求，我就绝食抗议！"父母担心孩子饿着，却又不希望宠溺过度，每每在餐桌上拔河，想着都累。

"只要孩子肚子饿就会吃，会挑食、拒食是被宠坏了！"有

人会这么说。食物摆在餐桌上，规定时间一到就收走，没有第二次机会，也没有零食可吃，即使孩子饥饿哭闹也不心软。这是通过严格的训练方式来解决挑食问题。

但事情没有想象中那么简单，这不是"能不能狠下心肠"的问题。想改变现况解决问题，势必要投注更多心力，绝非立刻就能解决。期待用铁腕手段，马上解决问题的，通常是为了显示权威，最后往往以失败收场。以"孩子不肯吃胡萝卜"为例，父母需要投注的包括时间成本、沟通成本和情绪成本。

时间成本：教养不能求速效，需投入时间与心力

如果孩子不肯吃胡萝卜，强硬手段可能效果有限，必须投注时间改变。

- **花时间变花样**：孩子不吃胡萝卜，父母需花费时间增加烹饪样式，以造型或配色增进食用兴趣。这仰赖负责烹饪的家长，另外花时间找资料、花时间学、花时间煮，失败了还要花时间再接再厉。这是需要投注额外时间成本的大工程。
- **花时间自己煮**：父母常常为了节省时间，购买过度调味的外卖，养成了孩子的偏食习惯。如果有时间自己煮当然最好，但情非得已购买外卖时，也要挑选着重天然、少人工调味的食品。
- **花时间管教**：父母常常为了方便，把平板电脑当成"电子保姆"安抚孩子哭闹，造成过度沉迷，为了电玩连饭都不吃。

孩子挑食，需要投注时间、沟通、情绪成本，改变挑食习惯。

· **沟通费时费力，打骂求速效**：父母常常因为懒得花时间"盯"，就改用催的、骂的。暂且能收到效果，但往往很快就失效。想想看：苦口婆心叨念需花十分钟，疾言厉色只要花数秒，孩子就乖乖扒饭。暂时是这样，但孩子学到的是：我多挨一句骂，可以多看半分钟卡通。只要我撑得住，就能多看十分钟，怎么都划算！于是孩子越来越经得住骂，家长变得"越骂越凶"才能得到呵斥效果。孩子以静制动，越骂脸皮越厚，最后累垮的是家长。照这种逻辑，用催的、骂的方式根本不划算。

以上细节说明，重新投注时间成本，才能慢慢改正过去因为省时、贪方便而埋下的挑食习惯。

沟通成本：长辈多意见多，单打独斗不容易

要重新养成饮食习惯，先跟家中其他大人沟通，没获得全家支持当然容易失败。很多妈妈原本已经很委屈，发生问题又想"自己来"，认为不需要跟其他人解释，"自己的孩子自己带"！

同住的大人越多，需事先沟通的对象就越多。

★ 跟配偶沟通

很多孩子问题来自"父母意见不一致"：爸爸回家当好人，带零食、买玩具，妈妈在一旁看得生气。懒得向丈夫解释自己的规划，自顾自硬干，勉强孩子去做，最后孩子当然受享乐主义驱使，偏向爸爸那边。

配偶沟通是成功教养的基石，彼此的矛盾与沟通不良会在孩子教养上变成引爆点。家长情绪与配偶间的紧绷，孩子虽不明白，但能感受到气氛。

这种氛围会形成压力转嫁到孩子身上，孩子感到情绪窘迫而易发脾气。家长觉得孩子不乖，于是更严厉，形成恶性循环，愈演愈烈。

★ 跟长辈或邻舍沟通

孩子是享乐主义，只想吃"自己喜爱吃的"。孩子饿了、气了半夜就要闹，放声大哭，家中长辈、左邻右舍的无形压力如影随形。为了减轻教养压力，平时应该跟家中长辈或左邻右舍多多

沟通，避免对方过度干涉自己的教养方式。不然旁人来凑一脚，人前人后说这媳妇"怎么那么狠，不让孩子吃东西，每天半夜哭成这样"，闲言闲语让家长里外不是人，被冤枉受闷气，最后终于屈服，孩子战胜家长，均衡饮食计划功亏一篑。

情绪成本：学习自我心理调适，包容孩子情绪

亲子斗智斗气，要沉住气不简单，忍到内伤的父母也很多。出于善意，但还是不忍看孩子一把鼻涕一把眼泪，因此要忍伤心、忍心疼；孩子无理取闹，自己就得忍怒气、忍焦躁。这是需要内化和解的"情绪成本"。

★ 包容孩子的情绪

父母时时刻刻包容孩子的各种情绪：因为孩子不具备"自我调适情绪"的能力，各种情绪毫不保留向外丢出，首当其冲的就是身边的父母。我们很容易感染孩子的快乐情绪，孩子不愉快时我们也会很快发现。不要忘了：父母们有自己身上的各种来自工作、社交互动、经济等压力所产生的好的与不好的情绪。

★ 调适自己的情绪

一方面父母要在工作之余学会自我调适，另一方面要包容孩子的各种情绪，这非常不容易。自古皆然，不代表这是人人能承

受的重担。相反,许多人会产生情绪调适障碍,继发抑郁、焦虑等症状,前来门诊求治。

情绪调适有其窍门,一般人在引导下都能系统地学习,这是心理咨询领域的功夫,要投注时间成本学习。功夫练好了,不但自己获得帮助,还能更加涵容孩子的负面情绪。顺势而为,将这种能力通过行动传递给孩子,让他们逐渐学会情绪的自我省察与调适能力。

我将这种能力比喻为"情绪资产",心理调适的功夫越深厚,资产越大。遇到花费情绪成本的事件,才能较有余裕。

举个实务上的例子:心理医生的情绪资产其实有限,如果心理治疗的个案太多、病况太复杂,心理医师要承接负面情绪的"情绪成本"会大大增加。如果情绪资产入不敷出,长期下来心理医师自己也要去找另一个心理医师"治疗"。同样的道理,如果父母的情绪资产能逐渐累积,面对孩子各种突发状况、好的与坏的、学校的家里的、突如其来的这些耗费情绪成本,才能从容应对。如果情绪成本耗费过高,入不敷出,当然要赶快找心理医师讨教讨教,累积自己的情绪资产。

贴心小提醒

饮食方面大部分孩子都能慢慢上轨道,发育良好。况且成人自己也有饮食偏好,不足为奇。但完全放任,会造成孩子营养不良。其中拿捏,家长们需有共识。产生问题就要评估现况,投注成本,才能借力使力、游刃有余。如果强硬逼迫孩子或以情绪威胁,即使短暂有效,也易衍生不良习惯,埋下行为问题的种子,得不偿失。

6 又尿床了，千万记得半夜不要骂小孩

戒了尿布却又尿床，白天常常跑厕所，是故意、不小心，还是心里有压力？

> 五岁的小花在暖暖的被窝里睡得香甜。半夜突然醒来，发现有些不对劲。手一摸，又尿床了！爸爸妈妈还在睡觉，不敢吵他们，又怕被骂，就急得哭了……

"吃、喝、拉、撒"是小孩成长过程中训练的重要部分，上篇说吃饭挑食，现在谈谈"拉、撒"。孩子白天的大小便控制并无严格年龄标准，会在一岁半到三岁逐渐成熟。除控制大小便的肌肉需发育成熟，还要搭配脑部及认知功能发育：

- **能听得懂大人指示**：大脑语言区成熟到听懂父母的口令指示。若听不懂，遑论依指示训练如厕。
- **能找到厕所**：方向感要清楚，找厕所、认识厕所马桶等。许多父母使用儿童专用马桶，这降低了孩子"找厕所"的门槛。
- **会使用便盆**：儿童马桶有其使用方式。孩子要学会使用这项物品，才能训练如厕习惯。

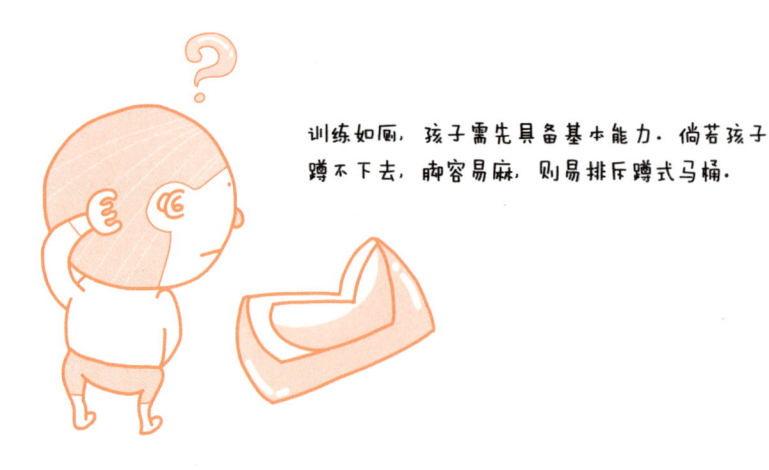

训练如厕，孩子需先具备基本能力。倘若孩子蹲不下去，脚容易麻，则易排斥蹲式马桶。

- **自行处理干净**：认知功能发展到执行个人卫生，如卫生纸擦拭、清洁洗手等。一连串行为训练由浅而深，若认知发展在任何一环有障碍，就会在"如厕事件"上出现问题。

身心都准备好了，戒尿布事半功倍

我们首先应该训练幼儿"想上就要讲"，及时掌握便意、尿意，请求大人协助。你注意到了吗，最初的训练就跟大人产生联结，大人们对于"上厕所"的态度，在早期就会对幼儿产生影响。幼儿明明出门前尿过，结果出门五分钟，还没走到停车场，小朋友就说："我想尿尿。"该让他尿还是不尿？这时你会：

1. 气急败坏骂他后，要他忍一忍？
2. 千万憋不得，裤子一拉，大庭广众之下当场解决？

3. 包尿布万无一失，忍不住就尿上头，之后再找时间换？

除此之外，还跟情境相关：

- **地点**：在家附近或熟悉的地点，上厕所较方便。若出远门甚至出国，父母要找厕所较不方便，人生地不熟，压力也较大，常会影响对幼儿的如厕要求。例如，比平常更要求"趁有餐厅或休息站，不想尿也要尿，以免临时找不到厕所"。
- **照顾者**：父母一起出动，随身包里一应俱全。今天爸爸一个人两手空空带出门，是不是会采取不同的如厕应对？例如，找不到厕所，爸爸随性要小男生在草丛就地方便。不一样的如厕标准，可能让孩子产生疑惑。

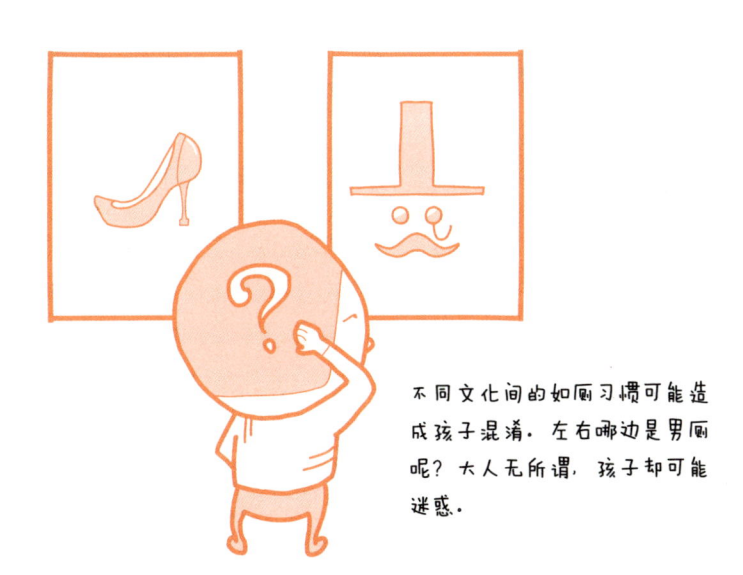

不同文化间的如厕习惯可能造成孩子混淆。左右哪边是男厕呢？大人无所谓，孩子却可能迷惑。

- **异地文化**：若平常总是随便找地方解决，现在到异地出游，依然故我。结果旁人指指点点，闹上新闻，这会不会影响如厕训练？

- **生理疾病**：若今天是吃坏肚子或水土不服，会不会造成大人的态度转变？意思是说：大人平常对训练如厕较严格，但如果肚子痛或拉肚子，大人常会较宽容。注意：软便、稀便不一定等于"生病"，大人无从判别，因此采取宽容是合理的。但对孩子来说，他会搞不清楚为什么父母有时严厉、有时宽容。

- **情绪压力**：孩子说要尿，急忙找合适地方准备准备，结果一滴都尿不出来。是紧张，还是孩子害怕出门（如看医生打针）因而产生尿意？几次以后，会不会影响家长态度？孩子真有尿意，但只是因紧张而产生的。父母只看到尿不出来，觉得孩子"不是真的想尿"。既不给上厕所，又不安抚紧张，孩子只能潜意识里用"真尿在裤子"来扭转大人的态度。

排列组合下，情况千变万化。因此不会有非照做不可的金科玉律。大部分幼儿都能顺利成长，学会自我控制。家长态度跟幼儿如厕习惯密不可分，不需僵化采取"百依百顺"或"严格训练"。在如厕训练中会培养出孩子的后天个性。少数例外的儿童，如膀胱、神经等生理发育障碍，只要适时就医咨询，采取必要治疗就能改善。

尿床难免，事前先防范

尽管白天如厕情形已逐步上轨道，但睡着后什么都不知道。睡眠时意志力无法掌控，因此刻意训练格外困难。如要降低尿床概率，父母可采取以下方式：

- **睡前少喝水**：睡前喝水易半夜尿胀，当天的饮食也可能导致利尿作用，最直接的方法就是睡前少喝水。
- **睡前上厕所**：孩子玩累提前睡着，记得在就寝时带去上厕所。例如，晚上六点倒头就睡，晚上九点带起来上厕所。作息固定的孩子，养成就寝前上厕所的习惯。

孩子是最不想尿床的那个人。如果进入恶性循环，不但睡眠变差，夜里尿意也会增加，更难控制尿床。

- **床边准备尿壶、便盆备用**：孩子有各种原因半夜不想起来上厕所：睡太熟、很困，想忍一下，梦中不知不觉尿出来；冬天很冷不想下床；没开灯一个人起来尿尿很恐怖；晚上黑黑的厕所很可怕。各种各样的理由都会造成孩子不想起来。备用尿壶、便盆可减少这些状况。

- **尝试包尿布，减少孩子对尿床的恐惧**：一直用尿布会不会造成更频繁尿床？基本上，孩子是最不想尿床的那个人，不会故意包着湿臭的尿布睡到天亮。

不小心尿床，该怎么处理

关于尿床，更重要的是父母对"尿床"的反应：如果每次发生，父母就生气大声斥责，易影响幼儿对尿床的印象，产生负面心理反应，过度恐惧反而更易尿床。从父母的角度来说，半夜睡得正熟，因孩子尿床而必须下床收拾，很难保持好心情。预先准备能减少尿床连带的困扰：

- **常备替换用床单，以备不时之需**：半夜翻箱倒柜找出床单重新铺过、弄脏的要拆下清洗，相当耗神。平时先准备好，减少半夜起床所耗费的时间精力，会让事情顺利许多。

- **让孩子参与善后**：换下的床单可教导孩子用洗衣机或水桶浸泡，提高孩子的参与度，培养孩子负责任的习惯，减少其愧疚感：让孩子知道，就算无法阻止尿床，至少能"做些什么"作为弥补。

- **半夜不是教养好时机**：大人们自己平常应先调适心情，不要因单一尿床事件全盘否定孩子。就算早上才提点过，当半夜尿床而全家动员时，大人跟小孩又困又累，再有道理，半夜也实在不是教养的好时机。先把该收拾的如棉被、床单收好，其他等天亮后再说。

  父母尽管已想好理由说教，在起床气的影响下，都可能以"义正词严"为表面理由，实为变相对幼儿的情绪发泄。大人和小孩精神不济，家长应尽力避免越骂越起劲、口不择言，甚至动手。

- **父母本身的情绪是重点**：大部分父母知道孩子尿床并非出于自愿，无意苛责，但就是忍不住发脾气，这通常是由于父母本身情绪导致。

文章开头的小花妈妈一直希望先生多花点时间教小孩，不要只是陪小花玩。自己整天操心这操心那，还被先生指责"管太多"。小花半夜尿床，先生催促妈妈赶快下床收拾，他自己转过身继续呼呼大睡。"我明天也要上班啊！要上班的又不是只有你！"小花妈妈一边收拾一边心中这么想。不愿迁怒在孩子身上，内心却充满无力感，全部收拾完后竟躲在厕所里默默流泪。

后来小花妈妈决定先平复自己的情绪，白天另外找先生沟通。改掉以前"指责先生不用心"的语气，改用"我需要你共同协助教养小花"的合作邀请。在双方开诚布公后，果然情况改善，小花尿床频率也降低了。

贴心小提醒

孩子的行为表现往往跟父母情绪相关,"尿床"会让大人们的互动矛盾暴露。处理问题时,应诚恳针对大人间的问题沟通,这样才能直指问题核心,从根本上解决问题。

7 噩梦惊哭又梦游，情绪安抚保平安

小孩半夜哭醒，是做噩梦、白天玩太 high、被欺负，还是中邪啊？

> 黄晶是七岁女生，最近刚上小学。这阵子她多次半夜惊醒、大声哭闹，怎么安抚都没用，第二天醒来却完全没印象。黄爸爸、黄妈妈忧心忡忡……

夜惊、梦魇、梦游等，是孩子脑神经系统未发育完全，产生的暂时性意识模糊，通常在上中学前频率能降到最低。常见的状况包括：

- **夜惊**：半夜仿佛受惊吓大哭、脸色涨红、呼吸急促。平常乖巧的小孩也可能发生，经大人安抚仍无法平静。
- **梦游**：双眼睁开，对叫唤没反应，自顾自行走，仿佛醒着，实际上大脑仍在睡眠状态，第二天早上也没印象。
- **梦魇**：做噩梦，醒后有意识，对梦境有记忆且感到恐怖，会哭叫不敢入睡。

日有所思，夜有所梦

孩子不是大人的缩小版，在发育过程中，大脑需要很长时间才能成熟。在睡梦中，大脑并非完全停机，而是在进行数据重整，将白天接收到的信息稍作整理，不重要的就加以"遗忘"。

"日有所思，夜有所梦"，白天经历的事会成为梦境素材。我们内在的想法，期待的、害怕的，也可能化作梦境。尤其孩子对现实与想象的界限不清，例如，对童话世界深信不疑，或对超人、魔鬼等电影情节感到身临其境。白天接触令他们害怕的影像，晚上就可能做噩梦。

类似的恐惧很多，有些父母认为"这有什么好怕的"，所以忽略，这反而加深了孩子的恐惧。对幼儿来说，游乐场里工作人员扮演的可爱卡通人物都可能是恐惧的来源，更何况是表情凶恶、发出怪异吼声的怪兽。为了减少这些困扰，父母可以针对以下几点防范：

· **慎选新闻节目时段**：避免灾难、意外新闻，连带的血腥、暴力画面。

· **注意影视分级、慎选电影题材**：即使是普遍级，但全片机器人打来打去，加上漆黑影院的音效震耳欲聋，也会给孩子造成恐怖印象。

· **灵异故事应适可而止**：手持烛光讲鬼故事极具戏剧效果，搭配刻意吓人更有捉弄的娱乐张力。但应适可而止，避免造成孩

> 电视剧、电影里头的情节可能幻化为噩梦的材料,让想象力丰富的孩子不敢入睡。

子内心恐惧。

- **童话或庙会也有恐怖题材**:民间故事结合宗教情节,包括地狱、死后世界的残酷刑罚、七爷八爷民俗游街、高大阵头鬼差等,都可能幻化成梦中想象。孩子宜与之保持适当距离,随年纪增长再加深接触。

面对梦魇,我们的重要原则是"适时倾听"。大人试着从孩子的角度去理解他们的恐惧,即使有时很难理解。我曾听闻:有个小孩不敢学游泳,觉得游泳池很深,即使抱着游泳圈,脚踩空的感觉还是非常恐怖。游泳班教练用恐吓的方式说:"你现在不快点学，将来长大当兵时若还不会游，士官长会把你直接丢下水！"结果男孩还是不敢下水，被这说法惊吓多年，噩梦里常出现溺水情景。

噩梦来自深层恐惧

孩子的恐惧是求生本能，凡事皆能变成恐惧的题材，以提醒年幼无助的自己多加警觉，避免危险。例如，卖场里玩耍的幼儿，经常回头注意父母的位置。若没看到父母，会快速张望四周，搜寻父母身影。万一没找到就着急起来，哇哇大哭。这种害怕走失的恐惧出自本能。如果孩子安全感不足，恐惧走入梦中，就会形成噩梦。

★家长的恐吓

我常看到父母用恐惧来约束孩子。他们会说："你再这样我就不要你了！"

"我要走了！你要不要跟上来，还是原地继续哭？""我喜欢弟弟，你这样不乖我不喜欢。"

大人本意在教导孩子，并非抛弃，但孩子听父母这样说，无从辨别真伪，不会理性思考。想到遭父母抛弃，整个世界全部崩塌。孩子再怎么抵抗，在生存威胁下也只能顺从。由于这种恐吓很好用，父母更要避免不经意地重复使用。一来边际效果递减，二来形成孩子深层恐惧，引发行为失常或噩梦，更难

★ 过去的创伤经历

少数经历过真正创伤的孩子，也会产生噩梦。如遭遇火灾或车祸意外，重大创伤强烈影响脑部，引发后续影响。即使事情过去很久，仍不由自主在毫无预警下重新经历当时恐怖的场景，引发恐慌、焦躁等强烈情绪。即使马上逃离，事后仍心有余悸，努力回避。例如，曾在十字路口发生车祸，日后赶时间也要绕道而行，避免经过原路口。

孩子会借由玩具表达内心世界，从玩具扮演的游戏当中重现心理创伤场景。例如，曾遇火灾，玩动物玩偶时，游戏故事恰巧设定成森林大火，动物狂奔逃命，象征性重现受伤死亡的创伤情景。

肢体或语言虐待也可能造成噩梦

孩子在长期压力下也可能引发噩梦，例如持续遭受肢体或语言虐待。家长动辄打骂、口不择言，用攻击性字眼不分青红皂白地谩骂。大人情绪管控不好，孩子当然受影响。近来越来越多的医学研究显示，语言暴力直接造成脑部受损，"越骂越笨"有其科学依据。

除了表现于外的暴力及语言虐待外，还有就是"情绪虐待"和"冷漠虐待"。

家庭失和会影响整个家庭气氛,也影响孩子心情。

★ **情绪虐待**

- **主要照顾者的情绪不稳定**：孩子无法根据照顾者的表情或清醒时的言语作为行动依据。常见案例：家长酗酒。清醒时笑容满面，酒醉时六亲不认，说过的不算数。即使没对孩子施加暴力或责骂，但酒后混乱行为与不稳定情绪，对孩子也有很深的影响。

- **认为孩子应为父母情绪负责**：小孩犯错，父母若心情好，笑笑说没关系；若心情不好，则加重惩罚，超过原本孩子犯错所承担的责任。又如夫妻失和，爸爸常不在家，妈妈认为是孩子不乖造成夫妻吵架。爸爸离开气氛很差的家，妈妈过得苦，将自己的情绪及责任归咎在孩子身上。

- **将自己情绪转移到孩子身上**：父亲上班压力大，有苦难言，无法改变现状。孩子诉说上学遇到的困难，父亲回答："你就忍下去啊！别人都能忍，为什么你不能忍？"父亲其实是在跟自己说话，告诉自己要继续忍耐工作压力，却不知不觉将情绪转移到了孩子身上。

★冷漠虐待

- **刻意忽略孩子需求或表现冷漠，引发恐惧，让孩子听话**：未约法三章的情况下，任意威胁"我不要你了！""你挑食，那就自己煮东西吃！"然后不理不睬。孩子因为感到害怕而屈服。大人之间是"冷战"较劲，对孩子是用"冷漠"或"忽略"来操控。

- **自顾不暇，将自己的情绪封闭，对孩子状态视而不见**：家长自己情绪极度紧绷、身心失衡，只想一个人静一静。虽非故意，但孩子的需求在这种情况下经常被忽略。

- **偏心一个孩子，忽略另一个**：对一个孩子比较好，相对另一个孩子就会遭到忽略。如过去重男轻女的观念；自己带的孩子比较亲或常带老大老幺到处玩，中间的孩子反被忽略。虽然父母一视同仁供给物质条件，吃穿不缺，但在情感互动的层次上却分配不均，同样让孩子感到被忽略。

上述虐待常是上一代的不良互动影响了当时年幼的父母,通过家庭文化传递到这一代孩子身上。虽说长期压力造成孩子各方面的影响,包括学习表现、食欲、活力,以及本篇所谈到的噩梦等。然而只要父母肯用心,不再否认自己身上的问题,即使无意间对彼此造成伤害,也可以在专业协助下逐渐修复。

贴心小提醒

梦游的孩子,类似"癫痫",类似脑部放电的状态,行动不由自主。可采取下列措施:

1. 不刻意叫醒孩子。
2. 刀叉厨具妥善保管,避免误用。
3. 移除家中障碍物,避免绊倒跌伤。
4. 避免睡上铺,预防跌落。
5. 门窗锁好,防止不慎外出。
6. 事后不责备。
7. 发生频繁可就医。

8 零食诱惑难抵挡，完全禁止不如细心挑选

大家都知道零食不太好，但拿糖哄小孩，是很开心的事！到底如何取舍？

> 多多跟妈妈去超市买菜。回家刚进门，多多就从提袋里拿出薯片打开抓着吃。没吃几块，妈妈把剩下的薯片拿走，说待会儿要吃饭。多多嚷着肚子饿，看没薯片吃，到冰箱找牛奶喝。喝完牛奶，晚餐就吃不下了……

讲到吃零食，家长对孩子吃零食又爱又恨。哪位家长不希望看到孩子心满意足吃东西的样子？偏偏孩子老爱吃些卫生堪忧的零食，那该怎么办？新闻报道对食品安全或添加剂的把关，样样令人担心。然而，若严格禁止，不但孩子抗议，身边的其他大人也会说："让孩子吃一点没关系啦。"禁与不禁，到底该怎么拿捏呢？

合理管制，胜过强力禁绝

首先要澄清一个概念：你很难永远禁止孩子吃零食。也许一岁以前，你从来没给孩子吃过糖果；也许两岁以前，孩子从来没吃过快餐汉堡、喝过可乐饮料。但当孩子们越长越大，甚至长大到十岁、二十岁还是会吃，所以你无法永远禁止孩子吃零食。

既然如此，难道就完全放纵吗？任凭孩子要吃多少就吃多少？当然不是。孩子们看到零食铁定就会往前冲，家长只能帮忙往后拉，让他们别吃得那么多、那么快、那么肆无忌惮。重要的是"在吃与不吃之间取得平衡"，依孩子年龄及实际状况加以"管制"。

"管制"就是"规定范围外的都可以吃"。家里长辈要给孩子吃零食，除非你有把握"管制长辈的行动"，否则还是乖乖将"长辈给零食"划在管制范围外，不然孩子会产生"奶奶让我吃零食，妈妈不肯。以后我要吃零食就去找奶奶"的想法。应引导成"奶奶要让我吃零食，妈妈管不到。但只要妈妈管得到的范围，我要听妈妈的"。"划清界限"是教养孩子很重要的原则之一。

我们可以通过零食"顺便"培养孩子良好的生活习惯。我看过朋友的小孩因为想吃薯条，但手脏没地方洗手，只好先忍着赶紧去找水龙头。最后终于顺利洗手，吃薯条吃得很开心，也养成了饭前洗手的好习惯。

什么才算是零食？

再有就是要澄清"零食"的定义，若正餐以外都称零食，范围会比想象的宽广，管制更困难。我们将正餐以外的食物分类：

绝对吃不饱的：南瓜子、蜜饯、糖果、口香糖、巧克力。
吃不饱但容易妨碍正餐食欲的：薯片、饼干（如凤梨酥）、小包喜饼、果汁、汽水、坚果花生。
会吃饱的：炸薯条、蛋糕、含馅料的面包、甜甜圈、牛奶、调味乳、水果。

按此分类，目的是让孩子不因吃零食而妨碍正餐，因此牛奶跟面包、蛋糕都包括在这个定义里。

目前，国内很多孩子的早餐基本就是馅料面包配牛奶喝，这要怎么管制零食呢？其实国外当作"主食"的面包，通常只有面团直接发酵，不添加馅料或鸡蛋奶油，包括吐司、杂粮面包等。其余包含甜奶油、热狗、肉松、酥皮或高比例奶油馅料的都称作"甜点"，是配茶、咖啡或当下午茶点心吃的。把甜点当正餐，孩子当然容易混淆零食与正餐的差别。

这立即遇到管制的困难：非用餐时段，孩子吵肚子饿，该不该给他吃蛋糕、喝牛奶呢？许多家长对此根本无法管制，无形之中就养成了吃零食的习惯。

孩子想吃零食天经地义，父母应慎选种类，避免过度失衡。

依据这个分类的管制，就是要"零食定时定量"，尤其针对会吃饱的食物。要喝牛奶？可以，但不是放一大罐在冰箱，要喝多少尽量倒。若家长认为孩子想喝多少牛奶都没关系，既然已经这样决定，那也无妨。只是孩子因牛奶喝太多吃不下饭时，不要过度责怪他们，因为这是当初父母决定"准许牛奶喝到饱"时，就已经会预见到的后果，孩子充其量只承担部分责任。

选择"好"的零食

我们试着用另一种分类，依据食品添加剂的多少来区分：

- **添加剂多的**：保存期长的、工厂大量制造、看不到食物原本样貌的食物。包括薯片、铝箔包装零食、糖果、汽水等。保存期限大多半年以上。

- **添加剂较少的**：坚果花生、南瓜子、铝箔包浓缩果汁。较容易看到食物原形。保存期限可能数周到数个月。
- **保存期限短的**：牛奶、现榨果汁，以及面包店所贩卖的面包、蛋糕。保存期限大多在两天之内。

这么区分主要是从卫生安全考虑。能够保存很久的、是工厂大量制造的、看不到食物原形的，可能添加了很多食品添加剂。家长可参考包装说明，看看食品成分里有多少添加剂。有的薯片添加剂多到二十种以上，不可不慎。食物本质是越新鲜越好、越少加工越好、越天然越好。不要被包装上的卫生标章迷惑，那些只是食品安全的"最低标准"，完全无法跟新鲜食品相比。依据这个分类的管制，就是要做到：

- **慎选食物**：购买前应看清食品成分标示，越人工化的食物，添加的色素、成形剂、调味料越多。
- **教导孩子认识食品添加剂**：用孩子能理解的语言，告诉他们慎选食物的重要性，教导孩子认识食品标示内容，培养健康概念，让他们自己学习挑选好的食物，包括零食。
- **提倡亲自手工制作烤饼干或甜点**：自制点心更加健康美味，也能赋予更多亲子互动，让孩子参与制作、提升兴趣，增加对点心的满足感，更能体会家长的创意与爱心。

此外，不是自己买的，家里"自动"出现的零食怎么办？亲友婚嫁的喜饼、中秋节月饼礼盒等。为了不让孩子吃零食而将食品丢弃，未免矫枉过正。这时要想：你会让孩子吃月饼当正餐吗？既然不会，那么就归类在分类一的零食部分管制，以"零食定时定量"为主。

"挑来挑去快没东西吃了！"这点出了目前的普遍状况：我们长期忽略日常饮食习惯，外卖过度盛行，缺乏健康饮食观念。随意解决三餐，拿夜市小吃当正餐的不在少数。孩子有样学样，自然乱吃。其实零食就是食品的一种，只要成分没有健康顾虑，吃多也就罢了。还是那句老话："你无法永远禁止孩子吃零食。"

吃零食也可以有教育意义

管制零食还有其他建议，可尝试下列几点：

· **尽量购买小包装零食，避免购买大分量、大包装**：孩子看到家庭号薯片那么大包，当然想吃到饱。既然零食偶一为之，当然越少越好。孩子看到整包零食已经吃完，也较心甘情愿。

· **没吃完的饼干要预先收好**：整条饼干几十片，孩子只吃了两片，其他的只能眼睁睁地看着被收到柜子里，孩子能做的就是不停吵闹，嚷着吃更多。如果你妥协了，只会变相激励孩子更用力吵，直到全部吃完为止。

· **准备点心、零食的专用餐具**：让孩子使用专属餐具一举多得，比如：孩子较珍惜自己的餐具，训练清洗餐具也较情愿；甜点专用餐具可能提高食用点心的满足度，间接减少食用分量；点心专用餐具可以选择较小尺寸的杯盘，看起来很丰盛，分量却不多，减少多余热量摄取。

• **注意摆盘，重新切块**：孩子吃点心，摆盘能让视觉上看起来更丰富，还能用切块方式，间接减少分量。一片蛋糕可分切成小块，摆起来好看，感觉分量较多。重新切块可避免孩子执着于"今天要吃几块"。利用专属餐具告诉孩子"每次零食就吃一份，盘子里装的一份"，避免孩子讨价还价说"我昨天吃三块饼干，今天怎么只吃两块"。

• **将吃点心的过程仪式化**：点心是超强效的行为增强物，意思是说"家长很难忍住不用零食奖励孩子"。因为方便有效，对于行为约束可立即看到效果，所以很多家长用零食当作奖赏，毕竟能抗拒巧克力诱惑的孩子不多。既然要吃，那么就尽量多"赚"些好处吧！

规定孩子要吃薯条，首先要动手擦桌子，接着拿出专属餐具摆好，吃东西前去厕所好好洗手，吃完把盘子洗净收好，最后还要去浴室漱口，避免蛀牙。这些仪式化过程，主要是利用"零食点心"这个行为增强物"顺便训练生活习惯"，延长整个吃点心的过程，提高整体的丰富度，大脑满足了，孩子就不会执意要求更多。

贴心小提醒

零食几百种,管制孩子吃零食之前要先规划好"到底哪些可以吃,哪些不可以吃"。基本上点心"吃巧不吃饱",家长在卫生合格,不妨碍正餐食欲及营养吸收的前提下,可以适当搭配,让孩子吃得开心,并兼顾培养正确的生活习惯。

PART 2

亲子互动

9 我的天空在下雨,父母接纳会转晴
闷闷不乐、每天懒洋洋,难道孩子也会抑郁?

> 素熙是小学三年级的男孩,家中排行老四。原本精力充沛的他,最近闷闷不乐,饭也不太吃。问他是不是心情不好,却又说不上来。妈妈怀疑素熙是不是得了抑郁症……

"抑郁"是生活中少用的词语,尽管精神科门诊的抑郁症患者越来越多,大众也接受因"抑郁症"看医生,但若问患者"什么叫作抑郁",通常都答不上来。

心情不好到什么程度该去看医生?

普遍用来表达自己抑郁情绪的口语有:

很烦、很难过。
胸口闷闷的。
常掉眼泪。

什么事都提不起劲,朋友约也懒得出门。
看电视也觉得没意思。
脑袋空空,经常发呆。
不想吃不想动。
很自责、愧疚,或认为未来没希望、没人帮得上忙。
如果能暂时解脱该有多好。

任何人都有心情不好的时候,大部分会随着时间自动改善。什么时候需要看医生呢?就是过了几个星期心情好不起来,且症状越来越严重,影响到工作生活:

想睡睡不着、想动提不起劲,精神一天比一天差。
想东想西、记忆力变差,造成工作效率下降等。
容易恍神、注意力无法集中,差点出车祸或跌伤,意外频频。
情绪波动较大,常跟周遭的人吵到无法化解的程度。
想不开的念头越来越强烈。

抑郁症治疗原理是,医学认为"情绪跟脑功能相关",通过药物改善脑部化学物质平衡,活化情绪中枢,改善心情,让生活重回轨道。

孩子闷闷不乐,父母要多留意

孩子的抑郁情形跟大人略有不同。孩子的情绪改变除上述的状况外,还可能有下列情况:

- **随着情绪变化产生幻觉幻想**:父母听到孩子描述想象世界,或明明没讲过的话,孩子却会指证说"明明有听过这样的话"。
- **身体很多小毛病**:抱怨这里痒、那里痛,看不出明显病灶,医生也说没问题。这种身体抱怨的原因可能跟情绪相关。
- **变得比以前畏缩,自信降低**:对原本不会害怕的事感到恐惧:怕黑、怕高、不敢一个人睡、很多事情不敢讲。不敢尝试新的事情,如学习新游戏或没吃过的食物。

由于大脑发育未成熟,孩子情绪症状可能伴随着非典型的神经或精神病症状,如同上述幻觉或疼痛、瘙痒等。由于孩子情绪发展先于语言发展,因此很多情绪无法完整用语言描述。大人常

孩子的图画及创意表达里头,往往直接透露出内心情感。

问不出所以然来。勉强回答，可能是在逼问下硬挤出的说辞，参考度不高。这时可观察孩子"怎么玩"：

> 试着讲故事，在故事情节中询问："如果你是小白兔，心情怎么样？"拿出动物玩具，看孩子怎么铺陈故事情节。用图画纸跟画笔，请孩子任意涂鸦，观察与平常绘画的不同，包括构图、用色与涂鸦主题。

与直接表达相比，孩子更倾向于将内在世界用"表演"呈现在故事里。自己心情不好，会在故事中安排主角心情悲伤；在涂鸦画作里，可能采用深颜色，像黑色、棕色；描绘的故事可能将内心恐惧的事物绘画出来。

倾听与陪伴是最佳解药

孩子的正常情绪本来就有时开心、有时低落，不必全当疾病看待。即便是正常情绪，除口头安抚外还可以采取以下措施：

- **多陪他玩**：在游戏过程中，孩子通过游戏表达情绪，父母在陪伴过程中担任"见证者"角色，孩子认为被了解，将会恢复平静。情绪的"表达"本身，往往比"解决坏心情"重要。
- **给予口头保证**：孩子许多情绪是来自不安全感。对环境保持警戒是求生的本能，不需要全盘否定。父母对于这些不安全感的理解与接纳，能协助孩子稳定情绪。

- **共同承接坏心情**：家长可全盘接受孩子的负面情绪，但很难全盘接受伴随而来的行为，包括过度哭闹、破坏、捣蛋等。父母可跟孩子约定"安全空间"，在固定时段里孩子可以在安全空间（一个房间或场所）里充分表达情绪，家长在合理范围内，以"陪伴但不干涉"为原则，以包容心态与孩子共同承接坏心情，而不是急着消灭坏心情，变回好心情。这在心理学术语上称作"涵容"（contain），是抽象但重要的疗愈力量。

评估孩子情绪时，最大的盲点来自家长自己的情绪。若没主动探查自己的情绪，就像戴着有色眼镜看世界，很难看到事情原貌。前面故事里的素熙，妈妈担心他是抑郁症，其实是因为妈妈

借由陪伴孩子绘画，除了抒发情感，还能见证其表达内在的过程。"被看见"是情绪抒发的重要一环。

自己最近准备跟第二任丈夫离婚，恰巧跟第一任丈夫生的三个小孩最近回外婆家住，家中一片混乱，连带影响到素熙原本稳定的生活，造成心情波动。素熙妈妈跟第二任丈夫吵吵闹闹、自顾不暇，同时将情绪带回家中，无心料理三餐，也没帮素熙看功课。素熙似懂非懂感受到了不平静的气氛。

素熙妈妈否认需要额外协助，觉得自己没问题，反正离婚手续办一办就可以解决。带孩子来看医生时，期待单纯处理素熙情绪就好。直到后来社工前来协助，素熙妈妈才承认自己的情绪影响了工作，造成家庭经济捉襟见肘。社工适时介入就像是及时雨。

社工们还对不熟悉法律信息的妈妈提供监护权等法律援助，素熙妈妈终于展开笑靥，愿意进一步接受咨询治疗。

贴心小提醒

我们东方人对于情绪的表达不像西方人那样直接坦率，语言表达情绪的层次较平板，因此大人与孩子都需要不断学习，练习跟自己的情绪和谐相处。情绪其实是一种心灵状态，"好的情绪""坏的情绪"都需要被接纳，而不是"只想永远保持好心情""尽可能避免一切负面情绪"。关于情绪，是一辈子的功课。

10 说谎的原因千百种,测试爸妈懂不懂

天哪,这么小就会说谎、骗人,长大怎么办?

> 妈妈最近发现黄晶会说谎,一开始是无伤大雅的童言童语,后来发现黄晶为吸引大人注意,越来越频繁地说谎……

前阵子有种理论:"越聪明的小孩越会说谎。"这难免有些断章取义。从此理论角度来看,说谎所需"语言技术"确实比诚实来得高。试着想象,为了将谎言讲得活灵活现,发挥应有的谎言效果,这要搭配适当时机、表情与声调。为使谎言不被拆穿,要串起前因后果,捏造合理逻辑,同时承担被揭穿的风险,硬着头皮也要撑下去,以免后果不堪设想。而实话实说不需要担负任何心理压力,见什么讲什么,不必伪装,相对于说谎,自然比较单纯。

孩子在学习语言的过程中不断摸索,尝试各种可能性。有时孩子是无意间说谎,毫无"犯意"。有些早熟的孩子过早学会"善意谎言"或"个人隐私",也会让家长感到苦恼。

孩子为什么会说谎？

孩子说谎的原因有以下几种：

- **幻想**：孩子绘声绘色描述"熊宝贝昨天跟我说了什么""昨晚我看到圣诞老公公"，或任意夸大"早上我开车载爸爸回来""我会开飞机"。如此的童言童语，大人不以为意，也不认为是在说谎。这些"谎言"与事实不符，但偶尔孩子确实无法区分想象跟现实。孩子的主观经验"真的"跟圣诞老公公说话了。

- **测试大人反应**：无聊找乐子。例如"我放屁""外面有人敲门"，子虚乌有，看到大人被愚弄觉得很好玩，无伤大雅。倘若情节夸张："我的书包不见了""弟弟刚才从阳台上掉下去了"，反而让大人笑不出来。

- **掩饰麻烦或更大的恐惧**：多次被同学捉弄，自己没办法处理，家长逼问又会让家长感到苦恼。

"上次教你这样跟同学说（跟老师说），最近呢？"故谎称"对方没有再捉弄我了"；明明想上厕所，羞于众目睽睽之下举手报告，所以对老师询问谎称"我现在不想上厕所"。

- **规避责任或处罚**：家长最在意的恶意说谎。明明拿了别人的笔却否认、偷钱捣蛋推得一干二净。明知行为后果，却为了推诿而说谎。

- **安慰他人**：为顾及他人感受的善意谎言。礼让甜点给弟弟妹妹，说："我吃饱了。"跌倒了怕父母担心，说："我不痛。"

孩子说谎有各种不同的动机，其中一个是推脱责任。

- **想保有隐私或图个清静**：单纯不想说。对其他小朋友有爱慕好感，却予以否认。问今天学校有没有事，因懒得讲，敷衍说"没事"。

说谎了，要处罚吗？

无论什么原因说谎，大人都会在意。要管教孩子不再说谎，需要注意几点：

- **专注教育重点**：要想让孩子"诚实"，需将"奖励诚实"摆在第一位。孩子打破玻璃杯，说谎否认，为了奖励诚实就不要计较打破玻璃杯的责任。"诚实"跟"打破玻璃杯的责任"是两码子事，绑在一起讲，很多孩子搞不清楚：明明说实话，最后得到惩罚；早知道会被处罚，当初说谎就好，还有一线机会。

- **给孩子台阶下**：许多情境让孩子不敢说实话，如让孩子负责浇花，结果忘了，父母询问时可对孩子说："没浇水，花会渴，你替花着想，告诉我今天花会不会渴？要不要再给它喝水？"
- **澄清事实但不当侦探**：有些事情细节永远说不清，因此只问个大概就好。小孩打架，谁先动手通常模模糊糊，连当事人也忘了。若对无法确定的事情追根究底，孩子只挑"对自己有利"的讲，学会断章取义，反而偏离诚实负责的本质。
- **身教与言教，父母一致**：父母说过的话要算数，身教重于言教。父母自己没做好、不守信，孩子有样学样，再教也难。

就算父母各自遵守承诺，但双方标准不一致，从小孩观点看来等同说谎。爸爸说集满三个乖乖章就可以吃冰激凌，妈妈却说可以吃零食但不能吃冰激凌。这符合当初的各自约定，但因父母标准不同，孩子同样觉得受到了欺骗。

为什么父母特别在意孩子说谎？

至于家长为何如此在意孩子说谎，除了是非对错外，还跟自己的状态有关，这些状态加重了我们对孩子说谎的感受。例如：

★ 觉得自己不被孩子信任、不被尊重

孩子肯跟爸爸讲、跟老师讲、跟保姆讲，就是不跟自己讲，

编谎隐瞒。差点气哭的妈妈不禁责问孩子为什么。孩子答:"我怕被你骂。"自己哪里爱骂人,还不是在乎孩子,结果却最不被信任。这种情绪排山倒海而来,妈妈自然生气。

★ 联想遭欺瞒背叛的经历

孩子说谎,让妈妈联想到昨晚孩子的爸爸晚归,也是谎称加班,其实是溜出去应酬,跟其他女性大搞暧昧。"你跟你爸一个样!都在骗我!"这种非理性联想让孩子承担了太多家长的情绪。

★ 灾难性思考

对孩子表现患得患失,觉得教养需滴水不漏,"细汉偷挽瓠,大汉偷牵牛",现在不制止说谎,长大会变成诈骗犯。灾难性思考让父母神经紧绷,反应过激。其实如果孩子平时表现不错,罕见的说谎未必会养成习惯。

★ 不能接受挫折

以"孩子被同学欺负,老师跟孩子却没办法制止那个同学,最后孩子又说谎称事情没再发生"的情况为例,家长很多时候对学校的情境其实是无能为力的。到学校警告那个同学?让孩子不断转班、转学?去责怪老师处理不周,甚至要求换老师?家长充满挫折、无能为力,却无法消化这种情绪,转移到孩子身上,就会对谎言特别敏感。

★ 觉得被孩子疏离

孩子逐渐长大，开始注重隐私，有时不为什么，"就是不想跟父母分享"。父母一路拉扯孩子长大，该牺牲的、该舍弃的一样没少。面对孩子逐渐脱离，觉得自己被孩子疏离，对谎言更无法接受。说谎是语言的一种表现，孩子在学习过程中不断揣摩语言的各种可能性，未必带有恶意或犯罪企图。家长用理性逻辑循序教导，正面鼓励，并避免过度情绪投射，孩子在这种学习情境下才能潜移默化，正直诚实。

贴心小提醒

> 天底下没有从来不说谎的孩子。教养的重点在于了解孩子说谎的动机、造成的后果与事后反省的态度。从家庭系统结构推测孩子说谎的动机，才能有效纠正偏差，减少孩子说谎。

11 紧黏缠人显依赖，逐步放手才能独立

整天黏在妈妈身上，是不是爸妈太纵容，是不是应该狠一点？

> 大家对太黏的宝宝绝对不陌生：一直要人抱，家长寸步不离，连上厕所都要开着门，免得关上门宝宝就开始哭……

教育宝宝就像手捏陶土，你怎么捏，将来宝宝就长成什么样。陶土加水可以柔化土质、避免碎裂，就像对待宝宝要温柔似水，让他在呵护下成长。但水加太多，陶土就会软趴趴，你要捏个高瓶子却无法支撑，垮下变歪盆子；毫无节制的保护就像加太多水的陶土，让孩子站不高、挺不直。过犹不及的爱，需要节制。

爱可以无限，但方法要对。已经添加太多水的软烂陶土，只能给它时间自然风干后再重新揉捏、重整土质。用烈日暴晒，会结成硬块，难再成材。已经养成黏人习惯的孩子，重塑行为则需投注时间。断然强迫，将来恐怕需要更长时间修复。

宝宝黏人跟其"依附关系"发展有关，亲子间的"依附关系"是最早的人际相处经验：

- **宝宝会在确认安全后继续探索世界**：宝宝在客厅发现妈妈离开，开始寻找。看到妈妈原来在厨房，觉得很放心，于是又跑开去玩。
- **宝宝向妈妈寻求安慰受挫而哭闹**：发出声音寻求注意，妈妈抱起来，却没发现宝宝尿湿了，宝宝为了"加强表达"，哭得更厉害。而从大人角度只看到：宝宝黏人，去抱他却反而哭得更厉害，忽略是因为未满足其需求。这需求可能是生理上的也可能是心理上的，随年龄而变化。

要让孩子听进父母的话，而不只是照父母指示的方向走。

- **宝宝怕被责骂所以不动声色**：想要妈妈陪，嗯嗯呀呀发出信息，不耐烦的妈妈来了，用力抱起宝宝晃啊晃。宝宝继续抗议会招来妈妈更多的不满，因此噤声沉默。久而久之宝宝表现得很淡漠，可以自己玩，大人抱也没什么反应。

这几个反应随情境变化，交替出现。亲子间长期熟悉固定模式后，宝宝会养成习惯，成为将来与他人互动的基础。

如何给孩子安全感？

每个模式都有相对应的解决办法，用以降低孩子黏人程度。如果孩子是为了确认安全，就要给予安全感。由于"安全感"过于抽象，可协助孩子将安全感具体化：

★大人短暂离开，需要告知确定的时间

明确的时间有助于孩子减少不安。

明确信息："我离开五分钟""我今天下午都会在家里""明天上午十一点我要去喝喜酒"。

模糊信息："等我一下""下午如果不下雨，我可能要去银行""我明天早上要出门，晚上才回来"，这让孩子误以为"如果拗一下，妈妈就能留久一点"，反而更黏。

告知明确时间又要守时，家长觉得压力很大。但从长期来看，宝宝适应后反而比较轻松。

★孩子还无法理解时钟指针或时间概念，可用其他物品代表时间

"我离开五分钟去上厕所"改成"你数到一百我就回来"。

"我傍晚会回家"改成"太阳下山，天黑我就回来"。

"七点我会回来"改成"播新闻的时候我会到家"。

有更多情境线索提供依据，就算幼儿口语发展没跟上，他们的眼睛会搜寻、脑袋会思考，似懂非懂下也能缓和情绪。

★出门前好好说

有人趁孩子不注意时"溜走"，以为这样可减少"被黏"。孩子发现后怅然若失，因这只是将孩子心理上的安全需求交给他们自己消化罢了。除非孩子完全丧失记忆，否则怎么会不知道父母离开？出门前应好好说，讲清楚什么时候回来。

★说话的语气比内容重要

先前提到"告知明确时间"，更是要温和地说，否则斩钉截铁的语气，孩子只听到"妈妈坚决地离开，一秒钟都不肯多陪我"，而没听懂"妈妈告诉我时间是希望我安心"。

★出门前要讲"我什么时候回来"而不是讲"bye bye"

孩子对于"暂时离开"跟"道别"搞不清楚，因为大人用的话都是"拜拜""kiss bye"。试想：亲友难得在家中聚会，带着同龄小朋友来玩，最后要离开前是说"bye bye"，道别后不知下次

欢聚是何年何月。对幼儿来说，一周没见面是"很久"、一个月没见面是"快忘记新朋友"！妈妈出门前也说"bye bye"道别，当然会反弹。大人词语上没注意，却会造成幼儿混淆，要尽量避免。

孩子只黏妈妈，怎么办？

若孩子黏人问题着重在"只黏主要照顾者"，只黏妈妈或只黏爸爸、只黏保姆或只黏奶奶，对于次要照顾者强烈排斥、动辄哭闹，可尝试以下办法：

★ 完整交代照护细节

平常是妈妈喂饭，今天换爸爸，爸爸手脚生疏，该喂奶时跑去换尿布、该拍背却拿玩具逗小孩。幼儿自然哭闹着要黏妈妈。交代细节，有助于幼儿适应其他照顾者。幼儿不是"太黏妈妈"，而是"不够黏爸爸"。父母共同照顾幼儿天经地义，双亲对照护细节都应仔细了解。让孩子"黏紧次要照顾者"，自然不会死缠主要照顾者。

★ 针对孩子害怕的根源处理

为避免忽略幼儿需求，父母尽力提供所需一切。幼儿依然哭闹时要反思：也许黏人的目的不是要"得到"，而是"害怕失去"。孩子最怕的就是失去照顾者的关怀。下面两个故事是很好的例子：

> 大女儿明明早就学会走路了，在家自己会走，出门却常要爸爸抱，从小爸爸就这样宠着。等到想改变，尝试给她换新鞋或以卡通袜子鼓励她走路时，她依然很黏，且最近变本加厉。原来弟弟刚出生，大女儿害怕失去爸爸的关注，所以嚷着要人抱。

大人断然拒绝抱孩子，反而易加深大女儿"果然跟我想的一样，只要弟弟不要我！"的感觉，这时处理的主轴在大女儿非理性的被剥夺感，黏人（要人抱）只是随后发生的连带行为。

> 两兄弟，哥哥从小由父母亲自带，弟弟由保姆带。最近接弟弟回家，但弟弟害怕失去保姆，所以每次回父母家都哭闹，保姆来接时才恢复平静。

若直接将保姆"隔离"，弟弟反而更抗拒。这时处理的主轴是"主要照顾者跟次要照顾者之间的转接"。

★增加与次要照顾者的相处时间

孩子特别黏主要照顾者是因为对次要照顾者不够熟悉，最直接的方式是"增加相处时间"。父母早出晚归或因工作忙碌，将幼儿给爷爷奶奶或保姆带，自己跟孩子相处的时间不够，幼儿自然特别黏主要照顾者。

★让孩子增加熟悉感

利用有父母味道的毛巾让孩子熟悉气味，类似的有照片、影像，或现在流行的视频聊天等。如果作息模式是"平日孩子在奶奶家（或保姆家），周末直接将孩子接回父母家"，最好先让原主要照顾者多陪伴孩子一起回家，让孩子熟悉父母家的摆设环境，之后再减少主要照顾者陪同回家的频率。若直接将保姆"隔离"，弟弟反而更抗拒。这时处理的主轴是"主要照顾者"。

★丰富肢体语言

次要照顾者若希望让孩子"黏上来"，可多提供"表情线索"，跟孩子互动时用丰富的肢体语言、增加表情及语调起伏，让孩子易于辨认。很多次要照顾者接手时，遇到孩子怕生哭泣，当下手足无措，不知不觉便板起脸孔，造成孩子惧怕。用更丰富的肢体语言表达，让孩子觉得"很好玩""很有反应"，有助于照顾者之间的角色转移。可参考有经验的幼儿园老师，他们带新生时会用肢体语言表达欢迎，加快孩子的熟悉感，尽快让小朋友"黏上来"。

★重新调整家庭角色

上述"主要"与"次要"照顾者，是针对"现实情况"分析，而不是依据父母的期待。这里用两个例子来说明：

一位工作忙碌的母亲，只能勉强有时间带老大，老二只能交给保姆带。就时间分配上来说，老二一周七天有五天都在保姆家，分析上"保姆就是主要照顾者"。但这位妈妈由于愧疚把老二丢在别人家养，心里认为"我才是你妈，你怎么那么大还搞不清楚？"便不恰当地转移自己的情绪到老二身上。妈妈认为"自己才是主要照顾者"，却忽略这是自己的非理性期待，而不是根据现实情况。

一位工作忙碌的父亲，平常是母亲带小孩。爸爸老以为"亲子相处重质不重量"，每逢假日拿玩具、零食讨好小孩。很明显地，妈妈是主要照顾者。当这位爸爸发现孩子跟自己不亲近，会觉得不满又失望，"我才是一家之主，我才是最重要的决定者。"抱着这种错误观念，拒绝从孩子角度思考。最后孩子慢慢长大，亲子冲突越来越多。如果要重新调整家庭角色，需抛开原有的想象，务实地投注时间与孩子相处。

过于忙碌的父母不要总是扮演"空降部队"，打乱主要照顾者的教养节奏。最好事先沟通，避免不一致。

★ 被孤立的主要照顾者

特色是"周遭的人不会被小孩黏人所困扰"及"次要照顾者功能不彰"。

孩子只黏妈妈、只肯让妈妈喂,爸爸要喂也没办法。初期爸爸想,"反正叫妈妈喂就好了",乐得轻松,不觉得困扰;而妈妈想,"我喂比较快",于是也认同爸爸,经常看不下去就接手过来自己喂。

久而久之,主要照顾者形同被孤立,精力很快被消磨光,旁人(次要照顾者)却无法接手。当孩子养成依赖习惯,会非黏着妈妈不可。在外跟其他小朋友相处没异状,回家对妈妈"情绪依赖"却很强烈,持续到成年就变成了"妈宝"。

父母要避免过度心理投射:比如自己想减重却要求孩子控制饮食;自己情绪不佳就认为孩子很忧郁。

你太重了,得减点重量!

主要照顾者长期处在被孤立的状况下，不知不觉过度投注在孩子身上，例如：出差几天，短暂跟小孩分隔两地就落泪等。长年持续下去，会埋下"空巢期过度失落"的隐患，与"妈宝孩子"形成彼此恶性的情绪依赖。

贴心小提醒

要革除孩子黏人习惯，需要投注额外精力，包括时间成本、沟通成本、情绪成本，从家庭结构上调整，让主要、次要照顾者顺利协调衔接。只靠一人解决容易事倍功半、加重孩子黏人程度，长期就会造成情绪依赖，变成"妈宝"。

Column "妈宝"是怎么形成的？

所谓的"妈宝"，是指"凡事都要问过妈妈意见才能做决定的成年男性"。这个族群特征是"没主见、没自信、需要完全的包容、倾向于逃避责任、情绪上的心理界线模糊"。有些成年男性要换工作、要辞职，甚至要向女友求婚等都要依循父母的意见，根本就停留在幼儿状态，算是"显性妈宝"。然而另有"隐性妈宝"：成年男性在外头事业有成、社会功能良好、工作场合果断负责，但回到家庭亲密关系中，一进家门就变得容易退缩逃避，放任婆媳不和、面临孩子管教或家庭重大决策容易犹豫不决或动辄易怒等，这些都容易让另一半很头大。

无论男生女生，都有可能养成"妈宝"个性。主因是在成长过程中对"权利与义务"没有同步成长：孩子有"犯错的权利"，但同时应担负"成长进步的义务"。孩子犯了错，父母往往给予包容安慰，这本是天经地义。然而三岁犯错，五岁仍然犯同样的错，越长越大，一错再错，就是没有做好"改正缺点"的义务。在父母的不断包容下，只享权利不尽义务，自然容易养成"妈宝"个性。

除了对事情及行为负责，更重要的是能够"替自己的情绪负责"。任何一种情绪都是外在行为衍生的心理状态，喜怒哀乐无所谓好坏对错。但无论是哪种情绪，都不能"任意牵拖到他人身上"，应该"自己替自己的情绪负责"。若一个人动辄心想："都是你害我那么生气""都是你让我那么难过""我会这样都是你造成的！"在情绪上无法独立，挫折忍受度低，久而久之就倾向于逃避。这种"情绪妈宝"只要找到可以推脱情绪的对象就会立刻黏上去，若对象是父母，就总是依附在父母的保护下，把自己的责任推到父母身上，永远没有独立的一天。

12 小公主、小皇帝，会吵的孩子有糖吃是大人的错

舍不得打、舍不得骂，小孩个个是宝，到底该怎么教？

> 妈妈在公交站说今天要看牙医，山姆急得号啕大哭。妈妈板起脸说先前已经取消两次预约了，这次非看牙医不可，哭也没用。于是山姆在大庭广众之下直接赖在地上不肯起来……

孩子难免闹别扭。柔顺些的，就是哭泣、撒娇、行为退化；行为激烈的会哭闹、乱砸东西，甚至动手。久而久之在家成为小霸王，行为蛮横、不知反省。

改变孩子的行为模式，需要时间和耐心

孩子的情绪反应，无非是心理不平衡，希望通过这些行为来让自己恢复。表面上看来是非理性行为，仔细研究下可归纳出孩子的需求。分析之后若仍无法理解孩子的行为动机，只要行为持续不长，将频率控制在可接受范围即可；如果这些行为长期持

续，就需要看医生排除可能的疾病。以孩子想买玩具为例，如表 2-12-1 所示。

表 2-12-1　孩子的需求、动机与治疗

行为	理由	处置后	持续时间	是否需就医
哭闹模式 A	想买玩具	得到玩具心满意足	满足需求就停止异常行为	否
哭闹模式 B	不明	无法处置	一天之内自动停止哭闹	否
哭闹模式 C	不明	无法处置	几乎每天哭闹，找不到理由，且持续数天到数周	是

"行为"这栏可任意代入，如：拔头发、咬指甲、抠伤口等。

从上表可知，医疗介入点通常是"症状持续一段时间"。偶发孩子不明原因哭闹，即使找不到原因，通常也不太严重。频率不高、持续时间不长，医疗勉强介入，效果不一定好。

对家长来说，过早处理不一定得到好效果。如果孩子常采取行为模式 A，无形之中会强化行为模式 A，逐渐养成骄纵的性格。如果采用模式 B，孩子哭闹情形可自动减少。模式 C 虽原因不明，但因状况持续，恐需医疗介入。

以孩子怕黑，不敢自己睡为例，如表 2-12-2 所示。

表 2-12-2　孩子的行为动机、持续时间与治疗

行为	理由	处置后	持续时间	是否需就医
哭闹模式 A	怕黑不敢自己睡	跟家长一起睡	满足需求就停止异常行为	否
哭闹模式 B	不明	无法处置	一天之内自动停止哭闹	否
哭闹模式 C	不明	无法处置	几乎每天哭闹，找不到理由，且持续数天到数周	是

注意到了吗，父母为了安抚哭闹，于是跟孩子一起睡（强化行为模式 A），孩子不但无法脱离父母改为自己睡，且养成用哭闹来满足需求的习惯。模式 B 则是自己适应。模式 C，孩子可能受到恐惧影响（如噩梦篇所述）或受脑部产生幻觉影响、心生恐惧，经由治疗介入才能缓解。综合 A、B、C，教养重点在于"分析行为模式"。

三种做法，结果大不同：训斥、贿赂、鼓励

山姆拒看牙医，妈妈采取的方式有下列几种：

★训斥

"嘘!安静!你今天不看牙,晚上不给你看电视!"于是孩子就范。这种行为就是"父母用强势语气让对方屈服"。

山姆学到:

1.我不看牙就没电视看,好吧!忍耐一下(自己权衡哪个重要)。

2.以后我要让对方屈服,就用强势语气,吼不过就用闹的(模仿父母行为模式)。

妈妈学到:

1.用训斥的方法可以制止山姆哭闹。

2.可以用"看电视"来威胁山姆。

妈妈忽略的是:

1.以后易演变成母子对骂。因为双方都学到了"大声就能赢"。

2.以后山姆要看电视,因为"在家看电视"会被拿来威胁,所以找"其他地方"看电视。例如,同学家或家电卖场,总之"往外找"。长大后被禁止打电脑游戏、被要挟不能玩电脑,就"往外找",深夜在网吧流连,不肯回家。

破解法:妈妈用"阶段性表达",以静制动。

1.先暂停继续往前走,停下来看着山姆,理解其不想看牙医的心情,但冷静、坚定表示今天一定要看。

2.山姆依旧哭闹则给予"情境隔离",将孩子带到人较少的角落,保持冷静继续观察或重复说明。安静环境较易让孩子冷静下来。

3. 语气可从温柔劝说逐渐变得"更强硬",但避免谩骂。谩骂容易越骂越气,且孩子会认为"大声就能赢"。

4. "用规则说服孩子"而不是"用情绪压制孩子"。强调之前制定的规则,避免"大声就能赢"。所谓规则,包括"因为我是你妈,所以你要听话"。

5. 这时目的不在"制止哭闹",所以孩子可能依旧哭闹;目的也不在"一定要看到牙医",而在于"制止行为模式A"。

6. 当然,若重点放在"今天一定要看到牙医",那么训斥无妨。

★ 贿赂

"这张贴纸给你!你不要哭!让牙医叔叔看一下就好!"家长先给奖赏,安抚哭闹。山姆走到一半又反悔,再给一张贴纸。

双方比大声,比对方更生气就赢,容易让亲子习惯"用吵架沟通"。

孩子不要贴纸，改口要吃冰激凌。这次吃冰激凌、下次买玩具，条件越开越大。"先给奖励，就是贿赂！"

山姆学到：

1. 吵就有糖吃。贿赂将强化哭闹跟讨价还价。

2. 说话可以不算数。不算数还可以得到更大奖品，因为他们非让我去看牙医不可（摸熟父母弱点，任其予取予求）。

妈妈学到： 给些小东西可以让山姆停止哭闹，还愿意看牙医。

妈妈忽略的是：

1. 小东西会变大东西，直到父母无法负担。

2. 孩子会因熟悉贿赂模式，变得更骄纵，原本愿意的也变成不愿意（因为骄纵才能谈更多条件，得到更多贿赂品）。

破解法：

1. 用亲子互动特权代替物质贿赂

互动特权就是"为小孩特别拨出一段时间独处"。用"睡前讲故事"举例：如果山姆很喜欢妈妈睡前讲故事，那么妈妈的鼓励可变成"今天讲一个'特别精彩'的故事""今天讲两个'故事'作为奖赏"。这种奖赏较为抽象，因此不会有物质奖赏价格高低的问题，不会养大孩子胃口到父母负担不起。

故事只是表象，代表的是父母的爱。孩子不稀罕陌生人讲故事，能把听故事当成奖励，是因为从中可以体会父母的爱。父母对子女的爱"无限量供应"，但无限量供应的东西易被糟蹋，因此稍微包装一下，孩子会更珍惜。

2. 事后奖赏

贿赂是达到目标前就给，孩子反悔是司空见惯的事。虽然讲成"贿赂"有些严重，但这样较易区分。奖赏是达到目标后才给。

奖赏期限要视儿童的年龄调整。越小的孩子，注意力持续度越不够，对时间更难忍耐。要求他"忍耐不吃眼前的糖果，忍五分钟糖果就能一颗变两颗"，很多孩子根本忍不住。如今要求"乖乖听话，三天后的周末出去玩"，当然更难达到目标。越小的孩子，奖赏要越快得到越好，然后通过教育逐渐拉长。

3. 把原本就会发生的事情当作奖励

山姆跟妈妈一起出门，回家前妈妈会带他去吃点东西，这是原有的习惯。这次山姆拒看牙医闹别扭，妈妈可以鼓励他说："你乖乖看牙，结束后我们一起去吃好吃的东西！"孩子闹情绪，卡在气头上正没台阶下，这时找到还算是理由的理由，便会顺理成章地接受了。

如果山姆质疑："本来就会去吃东西啊！"妈妈可以说："今天吃特别好吃的东西！"（代表妈妈特别的心意）山姆追问："吃什么？"可以陪他想东西吃，不妨天马行空想象"天上的云吃起来什么味道？""彩虹有没有草莓味？"通过转移注意力，孩子不再专注对牙医的恐惧，转而是对接下来的奖赏期待。

不要在看完牙医前具体答应特别的指定食物，不然就变成了"贿赂"。山姆说："待会儿我要吃三球冰激凌！（平常只能吃一球）"

使用强硬方式让孩子屈服，有时是为了达到目的（看牙医），而不是为了重塑行为。

妈妈可以说："你看牙医的勇气又没有三倍，怎么可以吃三个球？"在一问一答中，保持平静，母子就能共度这愉快的下午了。

★ 鼓励

"山姆最勇敢了，都不会害怕对不对？"看完牙医后继续强化山姆信心，带他去吃甜点，鼓励其"勇敢"，而不是鼓励"愿意看牙医"。

山姆学到：

1. 我很勇敢。
2. 我敢去看牙医。

3. 因为我很勇敢，所以妈妈很高兴，带我吃甜点。

鼓励其"个性特质"比单独鼓励"单一事件"来得更好、更长远。如果孩子较小，则鼓励可以更加具体化，例如用"愿意看牙医"来描述"勇敢"。随着年龄渐长，还是将重心移到"个性特质"为佳。

由这些分析发现，山姆妈妈采取策略的目的不应在"当场制止哭闹""顺利看完牙医"，而应着重在"弱化不当行为模式A""重塑行为模式""加强其正向个性特质"。许多家长搞不清楚"重塑行为模式"的主轴，辩称"不理他孩子反而会哭得更厉害""亲子两边较劲，就是看谁先软化"。这是误把重点放在孩子哭闹与否，而不是着重在重塑行为模式上，如此易适得其反，养成小霸王。

贴心小提醒

家长的巧思代表着对孩子的用心，可以通过各种方式让孩子体会。这是以上行为技术背后真正能安慰孩子的"能力核心"。空有话术，孩子只会学到油嘴滑舌。安抚技术搭配"包容的爱"，通过巧思展现，抓准行为模式主轴，才是教育真正的本质。

13 孩子一哭爸妈就心软,心理界线要画清楚

爱的教育还是铁的纪律?照书养还是照猪养?是对孩子好,还是爸妈自己想要?

> 伍爸爸、伍妈妈相当宠爱独生女伍花。小时候宠不打紧,等到父母发现伍花过于娇宠想好好管教时,才发现只要说上两句伍花就会哭得梨花带雨,真不知该如何是好……

许多小孩一骂就哭,养成了骄纵的习惯。哭泣无非是一种抗议、一种表达、一种因内在冲突而将之行动化的过程。动不动就哭泣可能是挫折忍受度低,可能是高情绪表露,可能是习惯性地将情绪表现夸张化。哭泣耍性子,是小孩子重要的谈判手段之一。

五种状况,养出骄纵儿

孩子的习惯常是由亲子关系演变而来的,但没有父母会"故意"养成孩子骄纵的习惯。经不起责骂的小孩是如何"不知不觉中"养成的呢?想象下列几种可能:

> 伍花出门前突然使性子，非穿雨鞋不可。妈妈说今天天气好，要给伍花穿凉鞋。伍花不依，妈妈才说两句，伍花就泪眼婆娑，亲子大战准备上演……

★ 状况一：显示权威

爸爸看了，对妈妈说："你就给她穿嘛！孩子开心，你何必呢？"最后妈妈只得让伍花穿上雨鞋。爸爸并非顺从伍花耍性子，而是潜意识对这种僵持局面展现"我是一家之主，我说了算"，表现权威。最后因妈妈对爸爸的顺从，间接造成孩子的骄纵。类似的状况常出现在三代同堂家庭，祖父母宠溺孙儿，某种程度也是为了证明"我老人家说了算"，凌驾父母的教养亲权，结果往往适得其反。

★ 状况二：补偿作用

爸爸心想最近自己老加班，难得全家出门，希望孩子开心。心理补偿作用下，特别讨好孩子，于是顺着孩子说服妈妈。

★ 状况三：投射作用

看到伍花抗议的模样，妈妈遥想童年，当时自己妈妈也常强迫自己做不喜欢的打扮，到学校遭同学嘲笑，青春期在抑郁中度过，整个人都变得没自信。回到现实，看到伍花的反应就像当年自己，因此决定不勉强她，避免重蹈自己妈妈当年的覆辙，让自己一辈子没自信。然而，伍花妈妈忽略自己当时已是青少年，本应学习独立思考；现在伍花还小，尚需家长引导。过早放任小孩

父母教养意见要一致，避免单方面为了显示权威，偏离教养主轴，反而让孩子无所适从。

的选择，反而养成我行我素的骄纵习惯。

看到孩子跌倒，父母自己心疼，就觉得孩子一定也跟自己一样心疼（伤口疼），把自己的想法套到对方身上，结果孩子看妈妈这么心疼，无意间也夸大自己的疼痛，好响应妈妈潜意识的期待。结果大人更用力安抚，小孩哭得更大声。

★状况四：合理化思考

妈妈听伍花说完，心想："搞不好待会儿真的会下雨，现在穿雨鞋刚好。"气象预报今日整天出太阳，妈妈这种想法只是将自己的让步合理化。

"孩子现在还小，捣蛋没什么，长大自然会学乖""孩子到商店偷零食，都是我在家中过度禁吃零食的关系"。忽略孩子犯错的本质，用似是而非的理由安慰自己。

★ 状况五：母凭女贵

妈妈不但重视伍花的主张，每次出门还特别费心将她打扮得格外引人注目。加上伍花天生丽质，妈妈与有荣焉。其实是妈妈自信不足，在家中地位低落，转而寄望孩子能受众人肯定，自己也相对提升地位。不知不觉中将自己所有的期望加在孩子身上，对其他缺点却视而不见。

重男轻女的传统家庭里，当人家媳妇备受委屈，连娘家都很少支持。于是对自己儿子重视有加，特别挖掘儿子优点、刻意放大宣扬，好让自己在家族里扬眉吐气。如果儿子功课好，对于品行如骄纵乖戾、霸凌捣蛋等皆视而不见。若功课不好就另寻才艺，当"足球神童""钢琴王子"。孩子在这种扭曲的价值观下，容易偏差。也许长大后走入社会能与他人和谐相处，然而在家庭亲子关系里仍幼稚乖戾，情绪依赖度高。

父母先自省，破解教养难题

针对上述情况，我们可以尝试一一破解：

★ 状况一：确立家庭角色位阶顺序，可有助孩子顺从

伍花妈妈可试着对伍花说："爸爸这样说（可以换雨鞋），妈

妈愿意听爸爸的。如果只有妈妈跟你,你要听我的。"让孩子知道,你是顺从丈夫,不是被孩子牵着走。强调伦常顺序,兄友弟恭。

妈妈问:"为何我要听先生的?"或"每次婆婆来干涉我怎么办,难道放任婆婆干涉吗?"若遇到诸如此类家庭角色混淆,则需要重新调整家庭角色,这将在下一章说明。

★状况二:认清补偿作用的对象

爸爸想弥补少在家的亏欠,应针对伍花个别弥补,讲睡前故事或做额外承诺,"让他们父女俩另外解决"。认清对象,而不是搅局,打乱妈妈的教养步骤。爸爸与其事后对妈妈"再度补偿",买花送礼弥补生气的妈妈,不如一开始就认清补偿作用的对象,一码归一码。

父母一致、主要照顾者之间角色权力平衡,都有助于稳定孩子情绪。

★状况三：辨别"自己情绪"与"他人情绪"的界线

投射作用大多来自自己内心，尤其跟童年早期经历相关。多认识自己、问自己："到底对方真这么想，还是只因我这么认为，所以觉得别人必定也有一样感受？"尽量避免情绪混淆，减少过度投射作用。

★状况四：避免过度合理化解释

多问："这是不是自我安慰？"避免过度合理化解释，实事求是，减少当局者迷。合理化思考包括：

酸葡萄心理：
我得不到的东西，其实也没多好！没什么了不起！

甜柠檬心理：
尽管口中滋味有点酸，但我手上这颗柠檬必定比树上那颗还甜！

★状况五：重新自我定位，培养自信

自信的父母会教出自信的孩子。父母的自信建立在孩子的成就上，孩子会产生混淆。孩子心目中父母是高大的，孩子会追寻着父母的足迹前进。若这高大的父母形象居然是建立在孩子的才艺表现上，这会让孩子信心动摇、自信虚浮。父母应重建自信，让孩子的内在自我强化。自尊自信、举止有度，就不会恣意妄为、贪骄虚纵。

看见自己,才能听懂孩子

上述几种状况是常见的父母内心戏,在亲子互动中屡见不鲜。这内心戏并非"错误",而是各有其盲点。要避开盲点,就要发挥"自我洞察力"(insight):借由深刻自我认识,看见互动里各角色的内在思考。在亲子互动的舞台下当观众,时时刻刻看着舞台上的互动,推敲自己的思绪浪潮。

这是一门需要长时间修炼的功夫,能够"让自己更深刻地看见自己"。孩子耳濡目染下学会这种"自己看见自己"的自我洞察力,他就会时刻反省,改正自己的缺点!

贴心小提醒

> 许多合情合理的亲子互动,却产生了令家长担忧的坏习惯,经不起责骂是其一。我们可以试着跳脱泥沼,从另外一个角度审视原本的亲子互动模式,稍加修正、避开地雷,正面引导孩子增进自我洞察的核心能力!

Column "都是你不好,害我心烦!" 心理界线

心理界线(boundary)是亲子互动中极重要的概念,此概念也将延续到大人们的互动中。

定义:你的是你的,我的是我的

"你的(情绪)是你的(情绪),我的(情绪)是我的。"

"我难过是'我的'难过情绪,跟'你'不一定完全相关。"

> **案例**
> 母亲见女儿打破碗又哭闹不认错,长期在婆家累积的压力爆发,于是蹲在厨房落泪。女儿发现妈妈在哭,于是停止哭闹,前去看妈妈。

最理想状态:心理界线清楚的妈妈会对女儿说:"女儿乖,你打破碗是不对,不过妈妈只是因此难过一点点。现在妈妈流泪伤心,主要是因为别的事情,不是你的责任。"

最模糊状态:心理界线不清楚的妈妈会斥责:"都是你不好,惹得我心烦。我平常已经忍得够辛苦,你还不乖,闹什么脾气!你看看,碗打破了还不认错,整天吵吵吵,我烦都烦死了。我在哭都是你造成的!"

普遍状态:大部分家长介于两者之间。妈妈可能会板起脸孔教训女儿,差不多之后就把女儿赶到客厅，自己擦干眼泪默默收拾情绪。有克制力但心理界线不清楚的妈妈虽然尽量不迁怒女儿，但满脑子专注在"该怎么把女儿教好，不让她再度犯错"，却没想到"自己情绪有很多是来自自己的生活压力，女儿打破碗充其量只是引爆点"。

　　心理界线是人我之间的心理边界，将他人与自我区隔开来。这条界线是一种限制，同时也是种保护。它限制我们不能轻易地靠近他人的内心，不能轻易地了解他人的感受；同样地，它也保护我们不被他人的感受或情绪直接影响，保护我们能在这个界线里面保持自在。

　　这好似两个小学生同坐一张课桌，中间画了一条边界线。这条边界线既抽象又真实，让我们可以在边界线内保持自我范围，却也跟边界线的另一边保持距离。

Column "你乖一点，我就会高兴" 情绪勒索

> **案例**
> 女儿发现妈妈在哭，以为是因为自己不乖造成的，所以决定主动做家事、讲好话哄妈妈，希望她开心。

人际间的心理界线经常随着互动模式的变化而变动，或进或退，好似跳双人舞，随着互动行为的节奏而调整步伐，一步步培养默契。女儿打破碗，妈妈很伤心。虽然妈妈伤心的主要原因来自家庭压力，但女儿却不甚明白，于是才产生一连串互动行为的变化：

孩子的内心戏：女儿搞不清妈妈如此难过的原因，纳闷"这会不会跟自己有关呢？"因此形成一个想法：如果妈妈难过是跟自己有关，那么自己最好乖一点，不要让妈妈伤心。甚至还产生新的行为，希望能弥补妈妈的难过：画图给妈妈道歉、晚餐主动收拾桌子、对妈妈甜言蜜语。

妈妈的感受：妈妈观察到女儿的行为，还没来得及搞清楚自己明确的心理界线，就先从孩子行为中看到：我难过——孩子变乖。

"妈妈难过、女儿变乖"很容易让此亲子行为模式得到正向增强：妈妈发现女儿变乖，口头称赞。女儿的猜测获得证实：果然妈妈掉泪跟我有关，我变乖妈妈就会恢复。以后看到妈妈难过，我就要乖一点，好

让妈妈心情好起来。

这无形中强化妈妈"模糊心理界线"的倾向，久而久之，妈妈的情绪变成女儿的责任，双方心理或界线更加模糊。妈妈不知不觉间养成"用情绪（如发怒或落泪）约束或改变孩子行为"的习惯。

最理想而清楚的心理界线是，妈妈能认清：我的难过是我自己的情绪，跟别人不一定有关。就算跟某人有关，也要搞清楚对象，看是谁让我那么难过。女儿打破碗虽然造成我难过，但只占一小部分。

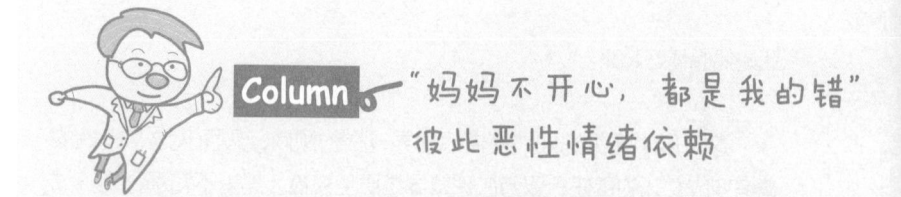

Column "妈妈不开心，都是我的错" 彼此恶性情绪依赖

亲子间模糊的心理界线易产生"情绪连动"：妈妈难过，女儿行为就会改变——女儿行为改变，妈妈情绪才会平复——双方越来越熟悉这种互动模式。

妈妈的情绪跟女儿的行为原本没有必然关系，如今却勉强将两者牵连，这样"搞错方向"，长期下来易演变成"彼此恶性情绪依赖"（co-dependence）。

案例

妈妈主要是因为爸爸疑似外遇，夫妻情感疏离而闷闷不乐。然而女儿却"搞错方向"，希望用行为改变来让妈妈心情好些，于是邀妈妈一同上街。

女儿的行为：看到妈妈心情仍差，以为自己做得不够，于是加强"行为改变"的力道。刚开始只是上街逛逛，后来变成拉着妈妈下馆子、买衣服，行为"做更多"。

妈妈的情绪：

1. 心情还是不好

但妈妈难过是因为爸爸的关系，所以女儿费心思陪妈妈逛街，充其量只能让妈妈心情"好一点点"。刚开始认为女儿贴心，于是强颜欢笑。后来女儿"做更多"，妈妈受不了，脱口而出："你不要只顾自己开心，老要我陪你逛街！"这下女儿可被冤枉了，非常委屈地说："我看你心情不好才陪你,怎么反过来怪我呢?"于是反而产生"真正母女之间的不愉快"。这新的互动冲突会累加在原来妈妈跟爸爸之间的不愉快之上。

2. 心情真的变好

母女俩逛逛街,结果妈妈心情"真的变好"。此后每当妈妈心情不好就找女儿散心,对夫妻失和的真正原因却视而不见。而女儿今后只要见妈妈心情不好就排除万难陪着妈妈,即使临时请假或对朋友爽约也在所不辞。母女情绪连动越来越频繁,彼此紧缠离不开对方,形成"彼此恶性情绪依赖"。

这是当初没区分好心理界线的结果。但事实上,妈妈的情绪大部分是跟爸爸相关,与女儿没有直接关系。若妈妈能在理智逻辑上搞清楚心理界线,告诉女儿两者的关联性,加以区分。妈妈感谢女儿贴心,却也不强颜欢笑;女儿懂了,依旧贴心帮妈妈捶捶背、带些好吃的回家。女儿不将妈妈的情绪当作自己的责任,不因妈妈情绪仍差而过度自责。妈妈也能在这种情绪支持下,整理好心情再出发。

14 西瓜偎大边，就是不站父母这一边

爸爸妈妈公婆姑嫂，意见一大堆，小孩见风转舵，大人要怎么教？

> 黄晶在外婆家调皮被妈妈责骂，见到外婆立刻撒娇告状。外婆说："你那么乖，怎么会捣蛋？不要理你妈妈，我给你吃糖。"黄晶妈妈气极，想到黄晶外婆过去就常口无遮拦，让自己为难，造就了许多丢脸难堪的回忆。没想到自己当妈，女儿却跟自己妈妈同鼻孔出气，不禁流下眼泪……

孩子管教困难，怎么讲都不听。孩子还会选边站，哪边纵容就往哪边靠，让管教的父母又急又气。情况继续下去，孩子变得有恃无恐，就越发变得骄纵。

家庭权力失衡，孩子只是替罪羔羊

"冰冻三尺非一日之寒"，与其说是孩子的出现，造成大人间的意见冲突，不如说大人彼此权力失衡，通过孩子引爆，凸显了原本早已存在的问题。孩子，只不过是替罪羔羊。

家庭角色的权力失衡，主要跟下列项目相关：

家庭结构：家庭结构不同，权力结构就不同

过去传统大家族，堂兄弟、堂姊妹同住一个屋檐下。现在大部分家庭成员单纯，显得冷清许多。单纯由父母、孩子组成的核心家庭，跟祖孙三代同堂、祖父母帮忙带小孩的折中家庭，家庭结构不同，权力结构就不同。核心家庭与折中家庭之间，还有各种差异，举例如下：

★ 保姆型

孩子交由保姆托育。保姆是主要照顾者，孩子跟亲生父母较为生疏。好保姆难寻，完美保姆更不可得。再好的保姆，长期相处，总是会有些缺点。保姆虽是外人，却像面镜子，反射出许多原本家里的人际问题。

潜在问题 这个"外人"帮忙出主意、给建议，逾越原本谨守的职业分际，易让家庭冲突火上浇油。

★ 隔代教养型

父母工作忙碌，孩子完全交由爷爷奶奶或外公外婆带，假日才亲子团聚。长辈的教养观念跟父母不同，孩子不知该听谁的。

潜在问题 会交由祖父母带，常是因为父母工作过于忙碌、自顾不暇。工作忙碌所疏忽的部分，会借由这个状况暴露出来。

★三代同堂

同住一起，主要是父母带，父母下班回家前由祖父母帮忙。若能充分沟通，问题不大；沟通不良则加深与长辈之间的摩擦。

潜在问题 孩子知道该听父母的，但又容易把祖父母当靠山，利用权力失衡得到甜头。

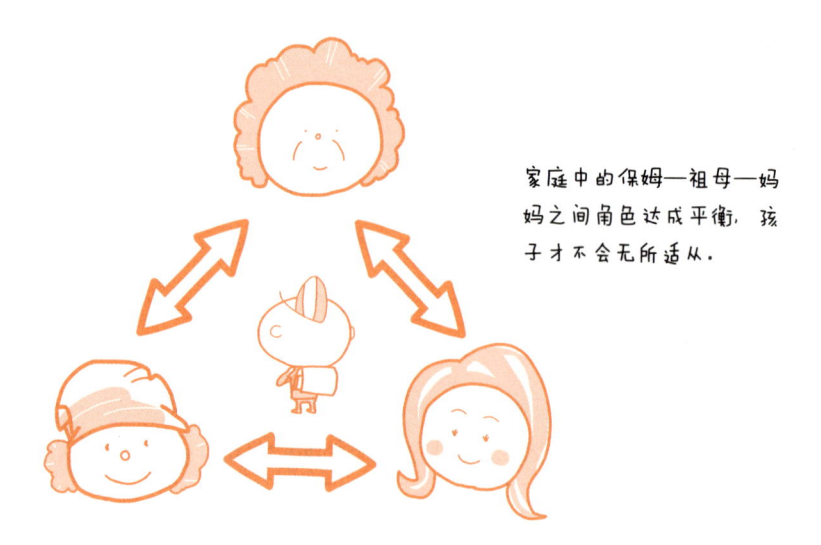

家庭中的保姆—祖母—妈妈之间角色达成平衡，孩子才不会无所适从。

家庭历程：随着生老病死，家庭成员会有变动

一个家庭有其生命历程：以夫妻结婚、组成家庭为始，历经孩子长大成人、孩子成年离家、孩子另组家庭、原夫妻面临空巢期、步入老年、夫妻其中一人死亡、历程终结于两者皆逝。

若因家庭成员的变故或人世际遇造成影响，会增添许多变数，例如：

★家庭成员过世或离异

原先的核心家庭，因其中一方长辈丧偶而改为折中家庭，或核心家庭夫妻离异，单亲父母带孩子回老家跟长辈同住。单亲妈妈带孩子回娘家住，或丧偶的长辈提早跟子女同住"养老"，造成家庭结构的改变。原本适当的人际距离有助于保持"相安无事"，现在却突然因变故而被迫生活在一起，生活空间缩小，人际距离变得非常靠近。

潜在问题 原本的"距离美"不见了，彼此的生活细节会被放大检视，需重新适应。

★家庭成员保持单身

小叔、小姑单身且仍住家里，让原本折中家庭的"三代同堂"变成了"两个二代同堂"，祖父母仍兼具"小叔、小姑"的

父母身份，而核心家庭父母会加重其在原生家庭的手足角色。家中多个大人，偶尔可作临时保姆或孩子的大玩伴，其实挺热闹。

潜在问题 若小叔、小姑保有过多"青少年习性"，如"只负责领小孩玩却不负责教"，这会对孩子造成不好的影响。比如说，孩子不能玩太多手机游戏，家长自己也努力克制，避免错误示范，但小叔却不愿配合，整天躺在沙发上玩手机，还偷偷给孩子玩，这就破坏了原本讲好的规定。

家庭文化：每个家庭都有自己的故事

"家家有本难念的经"，每个家庭都有"不能说的秘密"。这秘密若平和理性地公开提出，让家庭成员讨论，家庭文化就有重塑的机会。否则就会一代一代传承下去……

- **台湾的固有文化**：重男轻女观念或严格打骂的军事教育。

潜在问题 过度僵化的教育观念跟不上潮流，如果孩子认同这种偏差观念，会影响孩子长大后的人际及家庭关系。

- **外来人口文化差异**：随着外来人口的增加，外来人家庭越来越普遍。让外来人口孩子多认识妈妈的家乡文化。多一分认识就多一分了解，了解之后，才会产生归属感，有了归属感，面对文化差异才不会茫然失措，进而培养自信，跟其他人互动间"异中求同"，认同彼此差异却又不会混淆原有价值观。

潜在问题 文化差异、自我迷失、缺乏认同及归属感。

• **家暴酒瘾、犯罪事实或毒品滥用等所造成的特殊次文化：** 家人遭逢意外、自杀、情绪障碍、抑郁症或重度精神疾病等，对孩子常有深刻影响。

潜在问题 家庭结构更不稳定，父母一方可能离家出走或入监服刑，有关部门介入孩子安置问题等，都会让整个环境动荡，产生变量，要维持平衡更加困难。

家庭问题难解，要寻求稳定和支持

家庭互动是种动态平衡，很难长期静止不变。如何在"不稳定中求稳定""让家家难念的经可继续念下去"，试试以下方法：

★厘清角色定位

女性在核心家庭中常同时扮演"（孩子的）妈妈""（先生的）妻子""自己"三种角色；在折中家庭会身兼"媳妇"或"嫂嫂"角色；回到原生家庭身兼"（自己妈妈的）女儿"或"（自己妹妹的）姐姐"角色。想同时扮演好每种角色，一定要先厘清角色的

多重角色平衡是身心平衡的重要基础。职业妇女身兼多重角色：职场—自我—妈妈，许多人用尽力气做好工作，打理家事，却过度忽略自我。

"顺序"。当隔代教养发生意见不同，先想好自己选择当"好媳妇"还是当"好妈妈"。若难兼顾，只好选优先顺序的角色。

许多克勤克俭的现代妇女，过度压缩"自己"这个角色，老将自己摆在最后一个顺位。"爱自己"不是口号，而是反向思考：你希望你教出来的孩子，长大后只晓得完全替他人牺牲，老把"自己"摆在最后一位吗？重视自己的感受、诚实地面对自己的情绪，自己替自己做些事。自己做到了，孩子就能通过见证与模仿，培养自重自爱的好习惯。

★多向朋友寻求情绪支持，而不是向朋友寻求建议

面对家庭议题，"在夹缝中求生存"，向朋友诉苦寻找情绪出口，这是人之常情。然而许多朋友表达关心的方式是"拼命给建议"，听者只觉得朋友在数落自己"怎么做怎么错"。寻找愿意倾听的伙伴：不任意评论、一起涵容负面情绪。只能热烈聊天，越

嗨越好的是普通朋友；能够沉默以对或共享静谧的，才是心灵交流的好友。

★模仿大家庭

"少子化"是社会事实，我们能做的是加强横向联结。家里的孩子少，就积极替他多找些固定的玩伴。小时玩伴长大就变成好伙伴。固定聚会、保持联络，模仿大家庭，平时又在各自家庭里，不会互相干扰。这样既取"大家庭优点"，又弥补"少子化缺点"。

★增加小区资源联结

人多好办事，如果平常不跟亲戚往来，这时可以将重心转移到小区。小区活动要多参与。紧急状况如医疗保健等要平时熟稔，避免病急乱投医。凝聚小区共识、愿意花时间联系，以小区共同照护的概念让孩子们在小区安全网内平安长大。

贴心小提醒

> 现代家庭组成单纯，人口较少，相对地缓冲也较少。反之，人多口杂，遇到意见不合也难处理。家庭结构稳固、结合小区活动，孩子就不会无所适从，一定能在稳定家庭中接受熏陶，平安长大。

15 九十九分不够棒,看坏不看好的完美执着
父母要求高,孩子追求完美,遇到一点挫折就受不了!

> 妙妙是五岁女生。她每晚写完作业要让爸爸看过,等爸爸好好赞美一番才心满意足地收起来。由于爸爸的鼓励,妙妙写字越来越工整。但最近妙妙写字越来越慢,幼儿园作业要花上两三个小时,不让她写还会发脾气……

完美主义来自"父母的期许"和"孩子脆弱的自信心"。唯有好上加好才能得到父母肯定,当孩子处在"自己不够好"的阶段,常无视于已经掌握的成绩。

比如说,孩子学写字,刚开始困难重重,写了一整面生字。

家长帮忙检查功课,字写得端正无误的,上头打钩,代表"好";字迹潦草、笔画错误的圈出来,画个叉叉,代表"不好",要求重写。

这种激励方式有效。将事情区分为"好""坏"两个黑白分明对立面,在孩子不够了解"灰色地带"时,是清楚明白的区别方式。

随着孩子的成长,开始了解"判断灰色地带"的重要性:写

得完美是十分，但写稍微潦草一点，八分也不错。若追求完美字体耗费过多时间，整晚都写不完，隔天交不出作业；或耽误其他作业的时间，反而会让整体得分下降。所以八分字体，既能节省时间，又能通过标准，是合理的"灰色地带"。

然而大人的教育方式却没有与时俱进，使孩子掉入"非黑即白"的思考框架，只专注在字体，不了解写字是为了将来书写沟通，必须兼顾效率与文句，不能执着在字体上。如果只听懂硬性规定，思考会逐渐僵化而不自知。

父母过度期待，给孩子造成压力

我们用妙妙学弹琴的故事来说明：

妙妙的妈妈是音乐老师，妙妙练习弹奏，就算隔着两个房间妈妈都能立刻听出弹错的段落。爸爸对音乐不在行，听妙妙弹琴只觉得开心，因此常对她多加赞美。妙妙得到鼓励，不吝惜展现琴艺，练琴加倍认真。曲子越弹越顺，错误也越来越少。随着学习的时间越来越长，曲目难度也越来越高。

长期下来妙妙学会：只要妈妈没有纠正，就是"弹得好"；若妈妈皱眉摇头、挑出错误，就是"弹得不好"。一遍又一遍地练习，是为了能完美弹奏，否则妈妈一摇头，仿佛世界末日，想必是自己又搞砸了整首曲子。

妈妈为让妙妙持续精进，基于"职业本能"纠正，针对弹错的部分指导，这种要求无可厚非。随着妙妙进入小学，曲目越来越难，学校课业越来越多，练习时间越来越少，妙妙渐渐地没办法完美弹完曲子。爸爸依旧欣赏妙妙的认真，但妈妈却要求越来越严格，认为退步是分心的缘故，甚至妈妈觉得自己督导不周，于是更勤加指点。学音乐原本是快乐的，妙妙却越来越没自信。好不容易比赛获奖，妈妈点头，妙妙却只觉得是自己侥幸。弹不好，妈妈一摇头，妙妙会难过半天。就像运转越来越快的陀螺，终将倒下。

钢琴家不都是苦练的吗？没错，技艺精进需要苦练，但本篇讲的不是舞台上千中选一的钢琴家。一千名学琴小朋友里只有一名能成为钢琴家，本篇论述的是其余九百九十九位小朋友的状况。

自信心从何而来？

妙妙钢琴比赛得了第一名，怎么会没自信呢？我们重新看看自信的几个部分：

大人拉琴，小孩弹琴，其乐融融。学习音乐的重点不在音符，而在于美学的欣赏与分享。

- **自我能力**：妙妙钢琴技巧很好，练习也努力，妙妙对自我能力很有信心。

- **自我期许**：然而，妙妙认为自己"应该"保持第一名。进入音乐班就读后，同学皆从小苦练，保持第一名并不容易。若没有恰当的心理调适，自我期许过高（以为自己第一名），跟能力（实际上排名中间）间的落差会造成失望。由于跟自我期许落差大，整个人灰心丧志，最后变得没自信。

- **他人评价**：若妙妙无法体会学音乐的乐趣，学琴动机主要来自父母评价与评审肯定，将自信建立在他人的评价上，只要别人说点什么，自己就易受影响。

比如说，从小被赞美容貌的女生，自信建立在他人的虚荣赞美之上。若自己没有培养自信审美观与充实内在，别人的毒舌评论就会造成很大的心理冲击，完全依他人对外表的要求改变自己的审美观，执着于外表，最后变得四不像。

- **目前成就**：实质成就是自信的一部分：优等生奖状、书架上的奖杯。象征意义大于实质意义。随着年龄增长，人们越来越追求成就的实质意义：显赫的声望、职务地位、累积的金钱等。但是相对于"真实的自信"而言，目前的成就也不过是其中之一，我看过许多人家财万贯却依旧心灵空虚的。

完美主义起因自信心不足，害怕失败

许多完美主义者内心自信不足，需要借外在的条规律例来

强制自我约束，认为"只有这么做才能达到最好"。完美主义的成年人是从孩子时期一点一滴培养出来的。孩子自信不足，经常跟大人的评价有关。如前所述，自信组成的第一部分是"自我能力"，但在初始阶段，因年纪还小，本来能力就不足；第四部分"目前成就"也因年龄限制，相当有限，自然只能依靠第二部分"自我期许"跟第三部分"他人评价"来建构其内在自信。

孩子阶段的自我期许通常来自家长期许；所谓他人评价主要也是家长评价。若孩子过于追求完美，家长要先看看：是不是无意间引导孩子朝这个方向误行了。

孩子写作业会执着完美，家长纳闷："我已经叫他停下来不要写了啊！"孩子若出于自愿，我们可以先观察。若家长不知不觉中"鼓励"其完美，称赞："字写得好整齐！""写字

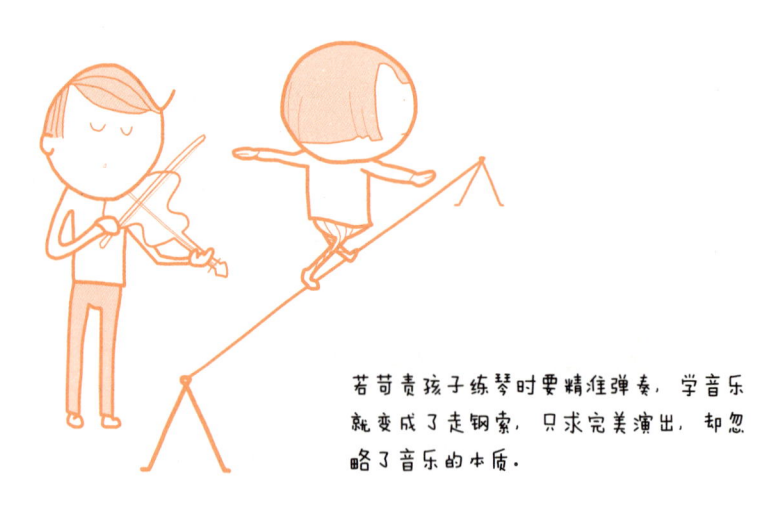

若苛责孩子练琴时要精准弹奏，学音乐就变成了走钢索，只求完美演出，却忽略了音乐的本质。

好有耐心！"或说成："你已经写得很好看、很整齐了！赶快去睡觉吧！"孩子只听到前半句"写得很好看"，以为得到了肯定，这样反而加强了孩子追求完美的动机。在"好"与"不好"之间，如何循序渐进引导孩子看清灰色地带，可以考虑试试以下方式：

★ 观察完美执着的程度与范围

孩子叠积木聚精会神，要求仔细，很少有家长会制止。游戏结束，孩子可回归生活，下次玩积木再努力。这种追求完美的程度在合理范围内，不需干涉。

如果孩子对很多事情皆采取完美标准，超出合理范围，就要加以限制。

解决之道 如果叠积木耽误时间，就用时间规范加以限制；如果要求桌椅一尘不染，就将范围限制在孩子自己房间或特定区域。

在范围之内，孩子可自由发挥其"完美执着"，如果超过界线就不行。孩子逐渐学习后，既可部分保持完美主义，家长又能在界线外松口气，皆大欢喜。

★ 观察是否影响到情绪

如果叠积木过度投入，即将结束游戏或积木倒下时，孩子会发怒或哭泣，引发的情绪起伏过大，就要注意追求完美的执着会不会超过限度。

有时孩子的执着来自情绪抒发，执着行为不过是心理层面的外在表现。有时孩子执着于完美，是因为挫折忍受度低，害怕失败，认定"不够完美就是一种失败"，将精力无限制耗在吹毛求疵里，"不敢"看到整体的好及不好的一面。

解决之道 试着将外显的执着行为延伸到情绪感受及表达上。看到孩子叠积木叠很高，可以引导询问："叠这么高你会不会觉得很开心？会不会觉得快倒下来，很紧张，却也很刺激、很好玩？叠高高不会倒下，你会不会觉得自己很满足？"

通过引导，孩子能顺畅表达内心世界，包括想象游戏跟情绪感受。内在感受被大人理解，外在行为就会平静下来；反之，内在感受不被理解，甚至遭忽略，外在行为就会一再重复，愈演愈烈。

★是否有刻板行为

行为会不会有固定的一成不变的步骤，一点不能马虎？会不会因为步骤不够完整而"非要达到不可"？

孩子刻板行为是按照一个一个步骤依序执行，孩子沉浸在机械性的节奏里。

解决之道 适当的刻板行为可被接受，但若牵涉的程度跟范围太夸张，就要加以限制。比如孩子洗手步骤很仔细，左搓搓右揉揉、手心手背、掌心手腕循序洗干净，这可以接受。若洗手要水龙头水流不停，耗在洗手台十分钟还洗不完，就要限制时间和范围了。

★是不是也会要求其他人跟着这么做

孩子叠积木很注重细节，也要求同学一定要照他的完美规矩，不然无法一起玩。孩子不但自己做，也要求其他人这么做。或自己做不到，却固执地要求大人们照他的要求做。

解决之道 当完美主义扩展到其他人身上，易产生人际问题。"严以待己、严以律人"，或"宽以待己、严以律人"都不是好的人际互动技巧。一方面予以情绪疏导，另一方面将"完美习惯"限制在孩子身上。有时孩子会要求其他小朋友照自己的方法玩，借此满足控制欲、权威感。适度即可，超过合理范围则要加以约束。

★孩子是要追求谁的肯定？

孩子叠积木，是"无所谓有无观众在旁观看"，还是"把叠高高的积木留下，非得给谁看过、赞美一番"不可？

妙妙写完作业一定要让爸爸看过，好好赞美一番才心满意足收起来。爸爸加班晚了，妙妙作业就写得特别慢，频打哈欠也不肯提早去睡。强迫她把作业收起来，妙妙就大声抗议。

解决之道 孩子追求完美，甚至吹毛求疵，常是大人无形之中加以鼓励的结果，即使有时家长本意并非如此。若将前因后果仔细思考，看看孩子最希望得到"谁的肯定"，再让"那个人"做不同重点的鼓励，就能逐渐改变孩子过度要求完美的习惯。

贴心小提醒

"专注细节、追求完美"原是正面的学习原则。但过犹不及:因为过度注重细节而见树不见林,影响情绪、固执到无法跟他人沟通,就要反思是否过度。家长同时要注意自己是否无意间鼓励了孩子的固执行为。

16 心细体贴真淑女，浮夸敏感假绅士

爱干净、爱整洁是好习惯，但过度洁癖真麻烦，以后怎么融入团体？

> 多多和毓雅两兄妹在公园玩，后来要吃点心，妈妈让两兄妹用水壶淋水洗手，毓雅坚持走到远处洗手台洗，这一洗就洗了十分钟。准备回家时，妈妈已快赶不及回家煮饭，毓雅却再度要找水龙头洗手……

有些孩子天生较敏感，易察觉周遭变化。还是幼儿时，就对父母离开或外在声音刺激很敏感：打雷下雨、风吹草动，都有情绪反应，动辄哭泣。这源自生物的求生本能，在毫无自保能力的时期，完全依靠大人保护，一遇到任何害怕或陌生感觉，就发出信号，利用表情或哭泣提醒大人。

孩子的判断力，来自观察事物及大人的反应

等到孩子稍大些，父母应开始教导哪些东西是恐怖的、危险的，哪些东西是不必害怕的、安全的，哪些东西是"有时安全、

有时危险的"。孩子通过家长指导,慢慢学会判断:

- **恐怖的、危险的**:火焰造成烫伤或火灾,不能玩打火机,锋利菜刀不能拿来玩,过马路很危险,需大人陪同。
- **不必害怕的、安全的**:打雷、闪电对屋内的人不会造成实质伤害,不必害怕。家里没开灯、黑漆漆但用不着担心,家是安全的地方。
- **有时候安全、有时候危险的**:家里的狗安全,外面的狗要小心张口咬人。同样是陌生人,若家长陪在旁边,且陌生人跟父母有说有笑,可以试着亲近。若身旁没有长辈陪伴,陌生人是危险的,要与他保持距离。

孩子通过"观察事物本身"及"观察大人的反应"逐步学习:孩子看到陌生人紧张,但看到家长跟这位陌生人说话自然,推测应是父母认识的朋友,于是不再紧张,还试着亲近。家长也鼓励:"叫张叔叔!"孩子举止得体,大人小孩都开心。

另外一例:孩子跟大人一起过马路。
- **观察事物本身**:孩子想:"爸爸曾告诉我,过马路要牵大人的手。"且车子冲来冲去,看起来很危险。于是主动跟大人牵手,平安过马路。
- **观察大人的反应**:家长看到孩子知道马路的危险,也看到孩子主动牵手,认为这是好的学习,给予赞美:"弟弟你好乖,知道不能闯马路,要跟大人一起走。你好棒!"孩子看到大人的反应,决定下次过马路还这么做。

因为害怕受斥责,所以守规矩

我们一遍又一遍教导孩子们,然而有些时候,事情的区分不是像上述那样一清二楚。看看下面这个例子:

> 事件:山姆难得吃块巧克力,却不小心掉到地上。山姆想把巧克力捡起来吃,大人说地板很脏,不能吃。山姆接收到的信息:"食物掉到地上不能吃""明明我很想吃,爸爸却说不能,因为地板很脏很脏"。
>
> 实际情况:地板并没那么脏。大人的考虑是:
>
> 1. 家长不希望山姆饭前吃巧克力。
> 2. 如果是饼干掉到地上,拍拍灰尘就算了,勉强还可以让山姆吃,但因为巧克力上的灰尘拍不掉,最好不要吃。
> 3. 山姆前两天肚子疼,现在不能乱吃东西。

大人有诸多原因阻止山姆拿地上的巧克力吃,但山姆只学到"地板很脏所以不能吃"。偏偏山姆实在很想吃,为了自我安慰,只好强化"地板实在脏得要命,脏到再怎么想吃也不能把巧克力捡来吃"的想法。几次下来,就对地板产生"很脏"的刻板印象,从而影响日后观感。

山姆耿耿于怀，会采取其他方式平衡心理：

- **以后对吃东西小心翼翼，越喜欢吃的东西，越不能掉到地板上**。要吃巧克力时需特别注意，不能边走边吃或说话分心。

"小心吃东西"是好的饮食习惯，家长不会制止，甚至会鼓励。假设山姆的巧克力屑掉到餐桌上就不能捡起来吃，山姆就会尽量吃东西不掉屑，吃块饼干也拿盘子接着。

大人只看到行为结果，觉得山姆年纪小小"很注重卫生""吃东西很仔细"，加以口头鼓励。

- **既然有掉到地板上的风险，不如在床上或沙发上吃**。山姆演变成"只在沙发或床上吃巧克力"，这样完全杜绝掉到地板上的问题。等到哪天巧克力弄脏沙发，大人予以斥责，山姆就改变习惯，变成"吃巧克力躲到房间，窝在床上吃，吃完了才出来"。

大人只看到行为的结果，觉得山姆很怪，为何都要躲回房间吃零食。

- **看到别人吃的东西掉到地板上，大声制止说："掉到地上的就变脏了不能吃！"**

别人想吃而不能吃，山姆的心情比较平衡。

山姆扮演小小纠察队，其他小孩子零食掉到地上却被允许拿来吃，感到不可思议，会大声指责。若别人不理他，山姆可能会变得激动："我忍得那么辛苦，不能吃，别人都可以！"

大人只看到行为结果，觉得山姆太过敏感。

因为想得到称赞，所以更认真

另外一例，是孩子因为其敏感而受鼓舞：

> 事件：多多和毓雅两兄妹在公园玩，两人手上都沾到泥土。准备吃三明治，妈妈拿水壶让孩子倒些水稍微洗洗就好。多多随便洗洗就用手抓三明治吃，毓雅则坚持走到三十米外的洗手台彻底洗完手才吃。
>
> 加强因子：旁人夸赞毓雅"很爱干净""果然有教养""跟哥哥比起来，毓雅像个小公主"。得到赞美，毓雅强化洗手习惯，越洗越干净，用肥皂搓出很多泡泡，旁人看了夸赞"洗手好仔细""连大人都没洗那么干净，妈妈教得真好"。
>
> 养成习惯：久而久之，毓雅不彻底洗手根本没办法吃东西，无论到野外露营还是到海边玩沙，都坚持用自来水洗手。

山姆的例子问题不大，因为食物掉到地上的概率不高，况且食物掉到地上本来就最好不要吃。除非因此指责其他小朋友，没有以一样的标准要求其他人，并强迫他人符合自己的标准，不然就发怒，这就变成过度敏感了。

毓雅的例子，倘若每餐吃饭都要洗得如此彻底，每天会发生好几次，频率颇高。加上受到鼓舞，毓雅对生活不方便的地方格外排斥，例如校外教学、亲近大自然等，无形中限制了生活范围，形成"养尊处优"的形象。从这个观点，几近洁癖，且因这种洁癖习惯，跟人相处产生隔阂。

父母高标准，刻意培养孩子品位

还有一种是被刻意教出来的敏感纤细。黄晶的妈妈对生活习惯要求非常严格，总是说："女生得像个淑女，不能像个野孩子！"从小就培养黄晶好习惯。

★ 仪容端正

外表干干净净，小女生要有小女生的样子。哪天黄妈妈没注意，不小心给她辫子绑歪了，黄晶发现了，告诉妈妈。妈妈赞美黄晶观察力很敏锐，重新绑好辫子后母女一起开心地上街了。

- **临时状况**：这天妈妈赶时间，匆忙带黄晶赴宴，但黄晶没戴上她最喜欢的米妮蝴蝶结不肯出门，嘟着嘴闹脾气。妈妈只好耽搁一阵，母女俩一起找。好不容易找到，最后准时赶到喜宴。
- **加强因子**：众人看到黄晶打扮得大方可爱，纷纷称赞。
- **黄晶学到**：出门就要打扮好，外表很重要；就算快来不及，找一下就能解决；妈妈再匆忙，只要要要小脾气，妈妈仍会把自己打扮好。

★ 举止有度

黄晶端正地坐在椅子上听大人说话，其他小男生在大厅玩成一团，滚上滚下。

- **实际状况**：黄晶想跟着同龄小孩凑热闹，但妈妈说，"在外不能像男生这样撒野"，只好拼命忍耐。为了调适心理，于是心想："他们这群臭男生，真没水平。我才不跟他们玩呢！"

- **加强因子**：大人询问黄晶要不要和小朋友们一起玩，黄晶赌气说不要。其他人打圆场："黄晶真有气质，是个小淑女。"黄晶受到鼓励，继续静静地坐在椅子上。

- **黄晶学到**："自己有气质，其他野孩子是粗鄙的"（为了自我平衡）；为保持气质，最好学会隐藏真正的想法。

★ 培养品位

黄妈妈让黄晶接触高档事物，想借此培养品位。母女俩经常一起下馆子吃好料理。黄晶小小年纪就能分辨蛋糕的精致好坏、奶油是不是现做的纯正鲜奶油、纯棉衣料的细微差异。

- **临时状况**：在喜宴上她想吃草莓蛋糕，送上来的却是蜂蜜蛋糕，才吃了一小口就摇头不吃。问她为什么，黄晶找别的理由说："太甜了，而且蛋糕做得不够精致。"

- **加强因子**：大人无意间说："小妹妹果然识货，这家的草

孩子会模仿大人。当大人针锋相对时，孩子也有样学样。你想过自己孩子眼中的父母是什么模样吗？

莓蛋糕很有名，价格高、品质好，一早就卖完了。真懂得吃！"大人将自己的草莓蛋糕推到黄晶面前，交换黄晶的蜂蜜蛋糕。

- 黄晶学到："懂得挑剔"不但可显示品位，还可得到赞美，坚持挑剔的话，最后能得到想要的草莓蛋糕。

过度敏感洁癖，小心变成"公主病"

行为不断累积，就会养成习惯。黄晶学到的，一遍又一遍重复后，成为牢不可破的信念。观念的培养一开始是好的，大人无意间触动强化因子，也是人之常情。只不过孩子默默吸收，在隐微处逐渐偏差，等发现问题，习惯已经养成，要改变需额外花工

夫。"王子病"跟"公主病"是养出来的,如何取其优点,避其缺点,可以参考以下思考方向:

绅士淑女的内涵是"体贴他人":家长希望教出来的孩子彬彬有礼,长大具有绅士淑女风范。教育核心是通过这些外在行为(仪容、举止、品位)逐步内化,进而培养"了解以及体贴他人的能力"。

• **了解他人**:通过仪容细节观察对方、通过举止了解对方、通过品位审度对方。若一个人衣着整齐,细节不马虎,即使他穿过季旧衣,你也了解这个人拘谨有度。若一个人虽在赶时间,举止却不慌张,你知道他是沉着冷静的人;此人看见有人跌倒,立刻露出着急表情去扶伤者,你知道他是沉着却热心关怀他人的人。若一个人懂得体会粗茶淡饭的恬适,不过度沉溺锦衣玉食,你知道这是个有思考的人。

• **体贴他人**:由于彻底了解,故而具备理解他人的能力,做出举止得宜的行为。在拘谨有度的人身边,你不会夸耀手上的戒指或项间的珠宝,反而会看看自己衣领有没有平整、纽扣有没有扣错。你不会用贫富来区分阶级、不会用炫耀让旁人难堪。在热心付出的人身边,你不会在意污水溅湿鞋袜、不会在意满头大汗的狼狈。你会优先帮助求助的人们,不会自恃身份保持距离。在有思考的人身边,你能体会平凡恬适的哲理,不用华丽辞藻来显示优越、用精巧话术来讨好对方。在不同场合谨守礼貌,因应场合气氛融入他人，建立默契，这才是淑女绅士真正的气质内涵。

孩子对抽象概念无法立刻掌握，只好从外在表征学习。我们会告诉孩子：衣服要穿好、坐有坐相、要分辨饮食好坏。适度的敏感让孩子们知道哪些安全、哪些危险；掉到地上的食物不要吃、饭前洗手要洗干净。若孩子过于粗枝大叶，一开始难以规范，家长需时刻叮咛。偶尔孩子心理不能调适，闹闹别扭，家长针对情绪层面加以安抚，但得守住行为上的规矩。

随着孩子长大，教育方针与时俱进，除了仪容端正、举止有度、培养品位外，更应注重人与人之间的交流，培养默契。借外在而内化，告诉他们行为教育的人文核心：理解他人、体贴并友善地互动。

贴心小提醒

从外在行为培养内在气质，有进度表、没时间表。随孩子个人资质不同与性格差异，因材施教，需要家长煞费苦心，奠定孩子人格养成的重要基石！

PART 3

人际关系

17 沉迷电子产品，顺应喜好延伸真实互动

平板电脑、手机真的好好玩，但又担心小孩近视、沉迷，该怎么拿捏呢？

> 多多目不转睛地看着电视里一出出演不完的动画片，看到大人就央求着借他玩手机。手机里就算没游戏，随便滑来滑去，玩玩相机也好。电子产品似乎对孩子天生具有无比强大的吸引力……

随着电子产品的普及，孩子使用电子产品的机会大增，平板电脑、手机、触控式电脑……小小年纪就开始学上网、在网络上认识朋友，利用通信软件聊天。面对琳琅满目的电子产品，家长应不应该禁止孩子过度使用呢？这些电子产品对孩子会有哪些影响？家长应该如何规范呢？

孩子用电子产品有什么缺点？

过度使用平板电脑易有下列缺点：

- **用眼过度**：平板电脑是发光体，画面快速闪烁会对眼睛形成刺激；距离过近会造成眼睛焦距过度集中；长时间使用会让眼球固定一点，增加眼睛负担、使近视加重。
- **手部疼痛**：触摸屏以手指滑动操作，固定单调的运动易造成肌肉疲乏、发炎疼痛、肌腱酸麻无力。
- **过度沉迷，其他事情都不做**：游戏声光吸引注意力，让孩子废寝忘食。精神亢奋会降低食欲，就算放下平板电脑走到餐桌旁，也"真的吃不下"。晚上脑海中游戏内容还会挥之不去，影响睡眠。
- **不当模仿**：游戏内容打打杀杀、挥拳揍人，孩子会在现实生活中进行不当模仿，甚至引发暴力。
- **亲疏混淆**：有些孩子把素未谋面的网友当成知心好友，混淆熟悉与陌生。将个人隐私放上网络，遭网友恶意传播而后悔莫及。
- **缺乏肢体语言互动**：电子产品仰赖文字与图像，长期习惯此沟通模式，会忽略人与人互动的真实情况，包括表情、语气等肢体语言，形成沟通障碍。

电子产品有什么优点？

既然如此，怎么那么多家长让孩子长时间使用呢？因为电子产品仍有其优点：

- **充当电子保姆**：家长要做事，孩子吵翻天。丢一台平板电脑给他玩，居然能够聚精会神好几个小时，不吵也不闹。这么棒的保姆哪里找？
- **充当学习教材**：有些语文教材或幼儿认颜色、认动物的学习教材，皆已电子化，价格较便宜；相对童书而言，不易毁损，声光互动还能提升学习兴趣。
- **熟悉数字科技**：不会上网的孩子就像不会 ABC 的学童，等到老师教时才发现已远远落后其他人。不会鼠标操作、键盘打字不快的孩子刚起步就落后。可以适度熟悉数字科技，迎接数字化时代，较快上手。
- **增加朋友**：许多小学或才艺班已成立专属网络社团，把老师公告及联络簿改成数字化。这种趋势会越发普及，年龄层更低、范围更广。孩子不但上学跟朋友聊，下课后通过网络继续聊。较害羞或没自信的孩子，能在网络世界中适度结交朋友，未尝不是好事。

无论是优点还是缺点，每个时代的长辈都会阻止下一代做些长辈不了解的事，俗称"代沟"：一万年前，长辈说："你要认真打猎，不要整天玩泥巴。"后来玩泥巴的人发明耕种，比打猎更好、生活更稳定。

一千年前，长辈说："你要认真种田，不要整天听人胡说八道讲故事。"后来各种故事记录在纸上，编纂成册，变成了书籍。

孩子爱看电视是普遍现象，如何顺应孩子喜好，兼顾教养，父母应费心思量。

一百年前，长辈说："你要认真读书考功名，不要整天看报纸传单。"后来看报纸的人知道天下趋势，书本知识反而赶不上报纸新闻的更新速度。

二十年前，长辈说："你要多看报纸，不要整天看电视。"后来看气象预报的人知道了明天会下雨，而报纸却只刊载昨日的消息。

现在，长辈说："你要多看书，少上网。"只因他们不明白网络对未来的影响。

数字时代已来临，父母要认清

关于电子产品的现况，有些不得不承认的事实：

★ 多媒体电子产品是未来主流

学校推广教材多媒体化，电子产品只会跟生活越来越贴近。

既然无法抗拒潮流,就要"用好的方法适应它",而不是排斥到底。

★虚拟是真的

过去不熟悉网络的长辈认为"网友是虚拟的"。其实,虚拟久了,经常就变成真的了。要正视"网友是真的朋友",就好像工作上的朋友、业务上的朋友、同部门及不同部门的朋友。网友也是种"真实的"朋友。父母一味否认,只是因为不够了解。网络情谊是新形态的交友模式,难用旧思维规范,因此最好跳脱思考框架,重新定义。

★上网将是常态

过去上网不便,流量有限。现在智能型手机每时每刻都在联机,不再区分"有没有上网""一天上网几个小时",而应仔细区分"适当使用时机"。难道晚上睡觉时,手机依然随时联机,就算"一边睡觉一边上网"吗?可见勉强定义上网时数将不再有意义。

★大人往往比孩子更沉迷

家长可能过度沉迷网络而不自知,每三分钟查一次其实是LINE,每五分钟刷一页脸书,尽管辩称每次都只花上几秒钟,其实是跟手机如胶似漆、寸步不离,这就是过度沉迷的现象。然而,家长自己否认过度使用,就像孩子否认玩太多游戏,都是在拒绝面对问题。

家长会说:"我连智能型手机都没有,怎么算沉迷?"那么过度埋头赚钱算不算沉迷?每次打电话好几个小时,串门子聊到匆匆买外卖回家呢?所谓沉迷,就是因某种行为耽误更重要的家庭生活。从这个角度思考,在孩子眼中,是否家长也会因某些"正当理由",耽误更重要的家庭互动呢?这是值得深思的问题。

概括来说,面对电子产品,无论上网也好,电玩游戏也罢,除了娱乐或交友外,还希望可取其"帮助学习""提升智能发展""刺激大脑,增快反应"等优点。既然使用平板电脑的"正当理由"在于学习新信息,就要把"学习"这件事情讲清楚。学

三更半夜偷爬起来玩平板、打电动。

习的过程包括：

- **接触新信息**：通过电脑，从琳琅满目的信息中撷取好的成分。
- **理解后吸收**：通过真正的了解，筛选信息后加以记忆，融合成新的学习资料。
- **表达及互动**：能将这些资料转述给其他人听，或将新技能应用在生活中。
- **创造与改变**：等到累积资料够多，能够启发新思考、自创新方法。利用这些技术，一点一滴改变现实生活。

父母有原则，控管孩子的使用

要有效利用电子产品带来的好处，可尝试下列几种方法：

★用游戏拉近虚拟与现实的距离

可利用游戏中的角色，让孩子"当导演"，重新铺陈故事，比如说这是关于友情、勇气与冒险精神的故事。让孩子充分发挥想象力，将学到的新观念"演出来"（表达与互动），日后才能适时应用。

★重新分类，明定使用范围

将"电视""手机""电脑""平板电脑"加以区分使用范围及时数。例如：为防止伤害视力，手机不能拿来玩游戏。将来为了安全理由让孩子带手机上学，也要管理。用电脑在网站上写作业，电脑里就避免储存游戏，要玩就在平板上玩。时间规范：不乖、受惩罚时缩减游戏时数等。

★ 利用虚拟角色的积极面

孩子模仿力强，如果模仿忍者，就可以跟孩子说"忍者很有耐心，会乖乖把饭吃完"。通过角色模仿，取其优点，寓教于乐。

★ 强调网络与现实的对话情境差异

孩子学了游戏角色里的对话，之后就用同辈口气跟妈妈说话，这时要予以纠正。网络语言看不到真实表情，因此会夸大文字或图像表达。父母要强调现实与网络两者的差异，避免孩子误用网络口语。

★ 正视家庭角色位阶

有些事就是"大人能小孩不能"：大人能够自由地滑手机，聊天或传信息，孩子就应受家长管制。这种无所谓"平等"，无关"为何大人可以我就不行"。反正就是：家长说了算。位置不同，管制就不同；孩子年龄不同，管制也不同。这是角色位阶差异，跟公不公平无关。把话讲清楚，孩子才听得明白。

★ 利用外语网站或外语频道

孩子的学习能力常常远超家长想象，好好利用这点，可以得到意想不到的效果。例如，告诉多多："你只能看一集《阿宝历险记》，如果要多看，只能多看三十分钟，而且只能看英文版的。"多多只好接受，没想到多多因此学到了很多英文单词。电脑或网络亦然，好好运用孩子玩平板电脑的强烈动机，多往益处引导，才能一举多得。

★ 固定场所使用

此概念跟"吃点心仪式化"类似。很多孩子拿了平板电脑就要玩：餐桌上、地板上、沙发上，躺着、趴着都可以玩。不但造成姿势不良，光线不足还会伤害视力。既然要玩，就在规定的地方玩：如果在书桌上玩，桌上杂物要先收好；在房间里玩，衣服先折好；刚吃完饭，洗好手才玩；睡前玩，刷好牙后才能玩。通过玩平板电脑的强大动机，顺便训练生活习惯。

贴心小提醒

> 电子产品普及是趋势，如何让孩子在信息化、数字化的浪潮中，站上最有利的位置，是需要每个家长深思的问题。随着孩子年龄增长，更要持续关注其网络使用及网友互动等细节。

18 争先恐后打打闹闹，培养默契一起玩

孩子会打人、咬人、抢玩具，是不是因为家长会打小孩？

> 伍花刚进幼儿园，一开始和大家相处不错。才过两个礼拜，老师就告诉妈妈说伍花喜欢跟人抢玩具，前两天还把人推倒，对方手掌都擦破皮了……

孩子接触团体后，开始互相比较：比谁个子高、比谁衣服新，什么都可以拿来比。在竞争关系中，运用得宜可以产生积极的正向动力。就像两个孩子练习赛跑，教练运用竞争关系，互相砥砺，孩子会越练越快。这种逻辑也可以扩展到学习、人际关系等方面，是孩子从团体中学习的重点。

孩子为什么打人？

问题来了：当家长被老师通知，说小朋友会出手打人、跟同学抢东西、欺负别的小朋友，往往束手无策。这时我们可掌握以

下几个重点:

★ **学校生活来自家庭生活的延续**

一个在家不会打人、抢玩具的孩子,到了学校却会,这时你要考虑是不是因为孩子认为"眼前的玩具就是我的""我想要的都可以弄到手"。一直持有这种错误想法,但由于家中没有竞争对象,大人也都让着他,故而相安无事;到学校后有了"同伴"这个竞争对象,于是开始动手抢玩具了。

★ **孩子这么做,是因为"经常有效"**

打人抢物往往是冰山一角,孩子会采取这种行为,是因为可以有效地得到想要的东西。是否打人一次要假设已经发生很多次?由于"孩子个别行为"与"孩子与同伴间互动行为"不同。毕竟主动打人的不会主动告状,被打的也不见得每次发生打人、

抢玩具,比力气,孩子之间充满竞争。

抢玩具就动辄告状，因此是多案少报。家长遇到孩子打架抢东西，最好还是审慎处理为佳。

★动手孩子的动机不易被理解

孩子动手当然不好，然而即便是幼稚可笑的动机，孩子动手也通常有其理由。但事情之所以闹大，通常是动手造成了对方受伤，焦点完全集中在这点。至于当初为何动手，则常被忽略。原始动机没被关注，孩子潜意识里会以其他方式暴露出来。最常见的，则是再度发生暴力动手。

★动手是最低成本的掠夺方式

孩子看到糖果就想吃、看到新奇玩具就想玩。最直接的方式，就是伸手去拿。孩子如果不是直接拿，就要另外找理由说服对方，或是想其他办法弄到手，皆需花费额外心思。动手既然那么方便，养成习惯后，要改当然得花一番功夫。

★孩子的改善不容易被发现

十次想玩别人手上的玩具时，打人十次，被发现一次；遭到训斥后有所改善，十次想玩别人手上玩具时，打人六次，其余四次用其他新学到的方法。最后打人的事实依旧被发现，却被当作毫无改善。大人只看到原来的旧习惯，看不到孩子的改进。孩子在挫折累积之下，干脆相应不理，变成别扭的小霸王，怎么讲都不听。

伍花妈妈百思不得其解，明明家里玩具一大堆，为什么伍花要跟别人抢呢？伍花抢来玩具也不怎么玩，就是要抢别人手上的。在家里，大人都让着她，若没空理她，她就会开始捣蛋、闹脾气。大人以为不过是撒娇，不以为然。养成习惯后，伍花想找别人一起玩时，若对方没兴趣，她就开始捣蛋。对方被激怒了，两个小朋友追来追去，看似玩在一起；若对方还是不理，伍花捣蛋程度就会扩大，开始抢东西、拉人头发。原本是想找对方玩，却因为不知道该怎么表达，于是就用老方法"捣蛋"。刚开始有效，伍花也以为这是个好方法。岂知其他小朋友越来越不买账，伍花只好把老方法扩大，直到有小朋友被推倒受伤……

教孩子正确建立人际关系

伍花妈妈得知原委之后，针对"如何跟别的小朋友一起玩"这件事，试着教导伍花：

★物权观念

孩子在幼儿时期会认为"眼前所有的东西都是我的"，随着年龄增长和家长教导物权观念，包括使用自己的餐具、自己的房间、自己的小盒子装珍爱的物品。让孩子越来越清楚地知道家庭中的界线在哪儿。当孩子更明白后，还要开始教导抽象的物权概念，包括地盘及所有权的概念：

- **地盘概念**：到别人家中做客，就是到人家的地盘，举止要比平常更礼貌。不能因为叔叔阿姨很亲切就不顾一切疯玩。
- **所有权概念**：到别人家中玩，虽然孩子们一起玩，但要明白"玩具还是别人家小孩的"，要比平常更爱惜，态度要客气。

通过学习，孩子的人我分际会逐渐清晰，自然会较少故意侵犯别人。

★好好商量，用"借"的

小朋友还不大会说话就学习跟同伴一起玩。如果玩具所有权是对方的，玩到一半对方耍性子，断然要把玩具"收回来"，那么要怎么跟对方"说"呢？家长可以趁势教导孩子"如何好好商

轮流玩，分享互惠，是孩子学习人际关系的重要基石。

量"等互动技巧。但如果大人没注意,孩子可能会"自行解决":包括动手抢、起争执,抢赢了大人依旧没发觉,这种行为被孩子归类成"有效",将一再重复,埋下蛮横无理的种子。

★对等共享、轮流及等待

玩公园设施,如溜滑梯,需要排队轮流、跟对方配合、避免争先恐后。如果像荡秋千则需要等待,玩好了才换人。如果对方"长时间霸占位置不肯让出",家长可给小朋友示范"如何好好商量":先找对方家长、再找霸占的孩子好好说。重点不在于能不能玩到秋千,而在于示范商量的过程。

★培养默契、模仿学习

红绿灯、抓坏人等团体游戏,带有竞争意味,重点在"团体游玩的热烈气氛"。如果没有默契,老是同一个人当坏人,或为了争取胜利而破坏规则,最后大家都玩不下去。大人不能放任"谁叫他跑得慢,活该一直当坏人",不然老是当坏人的小朋友会恼羞成怒离席,游戏玩不下去,其他孩子也没学会团体默契的重要性。

★长幼有序、社会伦常

理解这些是为了让孩子能适应社会文化所不得不采取的制式教育观念:有时哥哥就是得让弟弟、强势的让弱势的。班上有个轻度自闭症学童,对于单一玩具(如校园里的秋千)较执着,几乎长时间霸占，基于团体互助概念，其他同学平时多让让他也合乎情理。

年长的优先（老大穿新衣、老二捡旧衣）、团体游戏时年纪大的当队长、男生礼让女生先洗手、女生礼让男生多吃块蛋糕等。其中未必有合理逻辑，但确实符合社会默契。当资源有限，无法达到"所有人平等"时，只能依据伦常，给予机会教育。但尽量要合乎理性，让孩子有规则可循，避免"会吵的孩子有糖吃"的错误印象。

贴心小提醒

> 孩子的打人、抢玩具行为，核心在于"没办法好好一起玩""想好好一起玩却找不到方法沟通"。针对其中原因加以理解并引导，往往事半功倍。

19 孩子被霸凌，家长应心平气和地解决问题
在学校被欺负，应该要大事化小，还是据理力争？

大波回家跟妈妈说："坐我隔壁的男生一直打我头，真的很烦！"妈妈听了又气又难过。后来还发现大波不敢跟老师讲。双方上课打闹被老师惩罚后，对方下课又跑来找大波玩，大波不计前嫌，很善良地主动原谅对方。大波妈妈不禁想：孩子是不是太懦弱、太容易心软了？

孩子被其他小朋友欺负，未必等于遭受霸凌。长期遭受霸凌或蓄意霸凌他人者，通常发生在年龄较大的孩子之间，例如，小学中高年级。

霸凌事件常是家长们关注的焦点，在此先讨论一般状况。

什么样的孩子容易受到霸凌？

得知孩子被欺负、疑似遭受霸凌，首先要了解你的孩子属于哪种类型：

★ 优秀型

优秀型孩子被霸凌的主要原因经常在于锋芒太露。这里所指的优秀，包括外貌打扮、特殊才艺、功课顶尖、讨老师欢心。孩子不一定做错了什么，也许上台领奖状或经常得到赞美，就会有同学看不顺眼，让孩子无辜成为被霸凌目标。若孩子因表现优秀而喜形于色，更是火上浇油，被当成"太臭屁"；或者因为自己优秀而无法理解别人的挫折（自己数学很好，就说别人"怎么连这都不会，好笨"），被当成"白目"，同样会增加被排挤的可

优等生、大个子也可能是被霸凌者。左右两个小孩，你看得出谁是霸凌者，谁是受害者吗？

能性。

★ 欠缺型

这类孩子与优秀型的相反：家境不好、衣着脏脏旧旧、父母社会地位偏低、育幼院出身、反应慢半拍、有特殊疾病或外貌缺陷、体重过重、在体育竞赛中被当成拖累全体的罪魁祸首等。缺点型孩子无法选择自己的出身或外表，表现落后也非己所愿。但孩子们的世界相当残酷，无论是欺负弱势或寻找替罪羊，欠缺型的被霸凌者经常有苦说不出，甚至认同加害者，内心自责并怪罪自己。

★ 平凡型

孩子并没有特别引人注目之处，可能个性内向、平常很安静没有特殊表现，却运气不好，随机被不良分子盯上，遭到霸凌。被霸凌者挑上主要是概率问题。这种情况可以适当转移注意力或让霸凌者"觉得麻烦"，通常对象就会转移。

哪种孩子容易霸凌别人？

当家长被老师告知自己的孩子会欺负同学，形同霸凌加害人时，要想想自己的孩子可能是下列类型中的一种：

- **"恃强凌弱"型**：功课好、体育健将、班上风云人物，是班上强势人物。长期取笑、捉弄特定对象，超过尺度、经被霸凌者抗议仍不以为意,就形成霸凌。

- **平庸集团**:表现不突出,但团结成某个小集团,对更孤单弱小的同学霸凌。除暴力霸凌外,也可能采取"冷漠霸凌"(故意把被霸凌者当空气无视)、"孤立排挤"(故意不配合或不跟被霸凌者玩),利用团体的力量针对某人进行心理压迫。

- **单纯使坏的潜在不良分子**:假设家长本身素行不良,耳濡目染的孩子,便会模仿父母的行为,对其他同学霸凌。等长大后可能会变成抽烟、打架、逃学的不良分子。

遇到霸凌,该如何处理?

孩子间的争执或疑似霸凌事件,不易处理。以下方针可让家长们参考:

★ 平静地向老师寻求协助

怀疑孩子被其他同学欺负,首先要找老师讲清原委。暂勿预设立场,也小心别让情绪干扰自己的思考。每位家长都希望老师站在自己的小孩这边,假设老师状似替对方说话,家长因而暴跳如雷,反让事情更难处理。心平气和地听老师陈述,把老师当成伙伴,共同商讨解决之道,才是最好的办法。

★ 担任班级干部

除孩子本身状况外,孩子之间的冲突常跟老师的授权有关。

老师指派孩子担任班级干部，如班长、纪律委员、各科课代表等，本意是让孩子学习团体生活。然而老师在赋予权力时也应强调"责任"，否则孩子产生了阶级意识却忽略了"权力—责任"的联结，很可能滥用职权、恃强凌弱。

数学课代表获得授权，课余时间指导学习落后的同学。课代表以指导口吻训斥，稍加严厉地敦促其他同学学习，这是老师授予的权力。相对应，课代表也要负起"让落后同学充分学习"的部分责任。否则，凭借"数学课代表"身份任意骂人、口无遮拦，形同语言霸凌；潦草解题、教学敷衍，或将学不会的责任回推给同学，"谁叫他那么笨！"这就是典型"权力—责任"不对等的状况。

试着让被霸凌者担任班级干部，经由老师的授权而提升地位，可间接减少被霸凌的机会。

学业表现难免形成阶级，只不过成绩好的不一定得人缘。

若被霸凌者是因为原本职务被针对，例如担任卫生委员，却因扫地问题跟同学争执，可适当调整职务减少冲突发生。

★询问孩子的好朋友们

孩子在班上总有好朋友，平常可以多跟这些孩子及其家长保持联系。同伴团体内的纠纷，最自然的方式还是在同伴间解决。孩子有伴，遇到困难有朋友相挺，才能减少被孤立霸凌。家长之间的横向联结，在此发挥着关键作用。

★挑选适合孩子的学习环境

如果孩子是因本身状况被针对，例如多动或智能较差，则需要特教资源介入，挑选适合孩子程度的学习环境会比改变环境来得重要。智能较差的同学，勉强待在普通班，容易被针对而遭受霸凌；智能普通的同学，勉强待在资优班，易因落后而自信低落，也跟同学产生隔阂；没特殊才艺的孩子，硬加入舞蹈班、美术班，其实也不恰当。挑选真正适合孩子的环境，才能让孩子在恰当的环境中成长。

★跟对方父母见面

跟对方家长及小朋友共同会面，并非单纯争执谁对谁错，而是通过这样的行动澄清误会，并向对方表达"大人们很慎重地看待这件事"。怕麻烦的霸凌者会因此转移目标。若一味指责对方，霸凌者可能改为孤立排挤或其他手段，如此并没有彻底解决问题。

★带孩子看看自己面对压力的样子

跟对方父母见面时,某种程度也是呈现紧张态势,就算不追究谁是谁非,但双方家长皆知见面的弦外之音。家长应采取成熟的互动态度:

- 温和的语气
- 坚定的态度
- 清楚告知双方彼此间的界线
- 积极寻求合作并达成口头承诺

让孩子看见父母面对压力时的应对方法,学习父母应对进退。应用到生活中,阶段性地用新的策略面对可能被霸凌的情境。

★有些事情不能教,即使孩子自动会学

父母很难教导孩子如何通过耍脾气来操控他人,但这确实是个重要技术。如果孩子会用耍脾气操控同学,或利用这点转移目标,让别人当替死鬼,甚至自己也加入霸凌行列,以求自保,事情当下会简单得多,但从长远来看,有其隐忧。实务层面上,这种状况确实会发生。家长无法这样教,但孩子可能通过观察,自然而然地学会。

注意，别犯下面三种错！

★ 不要迁怒孩子

孩子已经无辜被欺负，父母若气急攻心，将自己的情绪转移到孩子身上，容易造成反效果。

强硬派爸爸灌输以暴制暴的方法："你就用力打回去！"孩子原本个性温和，硬要他学，没照着这方法就严厉指责，这样"表面上是在教导，其实是情绪迁怒"。

"我不是告诉过你要这样做吗？"家长想了多套剧本，一股脑儿地传授给孩子，希望孩子自立自强。但实际上家长很多时候对校园生活无能为力。这种挫折大人们要尽量自行吸收或通过其他方式化解，避免将这种无力感转嫁到孩子身上。

不要迁怒并不代表家长装没事，神色自若。如果父母很愤怒，却刻意扭曲成平静无波，这也是种变相扭曲的情绪。如果感到愤怒不满，当然可以适当表达，重点是"不将自己的情绪归咎到孩子身上"，同时加以清楚说明，让孩子知道"我生气，但不是针对你"。亲子共同面对这种情境挑战、共同承担负面情绪，才能达到"情绪同步"的心理支持效果。

★ 不要过度期待强大的仲裁者

即使是成人，在面对问题时仍幻想有公正无私的法官能出面仲裁，严惩坏蛋解决一切问题——只要这个法官能站在我这边。

老师无法处理就去找学校主任，再不成就找校长，上访教育局，甚至找媒体、找议员。这一连串行为的核心概念是："你霸凌我，我就找更大的力量霸凌你！"当然，依制度逐级上报无可厚非，但若过度期待这样就能解决所有问题，恐怕事与愿违。多方进行，利用各种渠道协调，才是长治久安之道。

★不要企图"纠正"对方，并期待对方认同自己的观念

面对疑似霸凌事件，初期处理重点应该是"保护自己的孩子"而不是"让坏分子痛改前非"。双方家庭互相沟通，能达成共识是上策。至少在保护孩子的前提之下，双方要保持距离，以确保安全。如果对方不认错或无法认同自己的教育逻辑，家长也不宜勉强对方接受，否则谈不下去，甚至破局，芥蒂仍存，压力点容易再度爆发。

贴心小提醒

面对孩子疑似长期被欺负或遭受霸凌，家长要积极处理，同时设立最坏打算的停损点。从保护孩子的观点出发，双方家长互相沟通，不要执着于谁对谁错，要将重点放在"让孩子脱离被霸凌的情境"。若持续无法解决，必要时需考虑转换环境。

20 见长辈不打招呼，大人小孩互动有技巧

要不要逼小孩叫人？小孩没礼貌，大人气得直骂有用吗？

> 伍妈妈招待客人来家里玩，门铃一响伍花立刻躲到厕所里。好不容易出来，躲在妈妈身后怯生生地不敢叫人。客人亲切地拿出礼物玩具熊给伍花，她却躲得更远了……

孩子打招呼，是逐渐社会化的过程。婴幼儿时期，视力及认知能力还没发展好，认不得远近亲疏，亲友不分远近都可以轮流抱着婴儿逗弄。等到婴儿会认人，就会对陌生人产生排斥。这是自我保护功能，因为熟悉＝安全、陌生＝危险。随着孩子成长，在大人的要求下，逐渐卸下心防，开始认识更多的人。出于本能，依旧对陌生人保持戒心。在这一来一往中，孩子逐渐社会化，见人打招呼，是社会化的最初阶段。

为什么要学习打招呼？

孩子练习跟别人打招呼，主要有以下几种意义：

★辨认亲属，学习称谓

孩子刚开始只认识主要照顾者，如爸妈，接着认识哥哥姐姐。随着智力发展会认识并记住来访的亲戚的脸孔。爸妈会多次一一介绍，让孩子熟悉亲戚的称谓。

★培养生活礼仪

除了"知道"哪些是亲戚外，家长会进一步要求礼貌地主动打招呼。来访家中的亲友多是亲切和善的，愿意主动跟孩子亲近。但在礼俗上，晚辈要主动向长辈打招呼问好，被动会被当作无礼。于是光"知道"不够，还要主动以行为表达，借此培养礼貌。

★增加安全，适时求助

孩子缺乏自我保护能力，认识更多亲友代表着"能获得更多保障"。父母有时拜托亲友帮忙临时照顾，孩子跟这些"救火队"熟稔，不但大人放心，孩子内心安全感也会增加，较能主动提出需求。曾看过某位妈妈临时外出半小时，拜托朋友帮忙看小孩，结果孩子跟阿姨不熟，想上厕所却不敢说，最后尿在裤子里。如果那个小孩能跟妈妈的朋友更熟悉些，就不会因害怕而不敢提出如厕需求了。

★练习适应情境压力

孩子面对不熟悉的大人，易因陌生产生惧怕。即使是在熟悉的家中，仍因害怕而躲回房间。孩子需要慢慢地适应这种情境压力，学习克服恐惧，练习与陌生友善的大人接触。若过度保护，孩子缺乏在安全环境（家）中练习克服情境压力，到了外头挑战更大，恐更难适应，习惯性退缩，遇到情境压力就躲起来。在安全的环境中试着利用亲友来访，通过情境压力练习。

★塑造社会化的沟通模式

孩子的肢体语言比口说语言更丰富，一边玩一边学习沟通。国内"少子化"，一位孩子往往同时面对好几位大人，爸爸妈妈、叔叔姑姑、爷爷奶奶皆同住一个屋檐下，家里只有一个或两个小孩。孩子大部分时间都在学习如何跟长辈打交道，跟同伴相处只占小部分。同伴由于年龄相仿，程度相似，可在较平等的状态下互相学习。大人跟小孩相处，大人居于明显优势，小孩只能被迫"加速成长"。举例来说，小孩必定辩不过大人，争论到后来必输，于是退缩或哭闹。因此更需家长适时引导，让学习曲线较为顺畅。

每个阶段的孩子都会遇到不同程度的适应障碍。有些孩子运气好、学得巧，能跟其他人（无论是大人还是小孩）打成一片，养成开朗个性；少部分孩子并无先天自闭或明显障碍，只因学习初期遇到困难，不巧家长又没有适时协助。初期还以为孩子个性内向，后来才发现原来是沟通能力没能顺势发展，继而沟通不良，与他人互动性差。

孩子不叫人，先了解原因

以孩子向他人打招呼为例，遇到的困难可能有以下这些情况：

★**被父母要求逢人就叫，按称谓、照顺序：爷爷奶奶、伯伯叔叔。**

• **可能的困难**：孩子来不及记得那么多人，搞不清楚谁是谁；或久未见面，孩子忘了这些人的面孔。

解决之道 如果隔日将有亲友到访，可以预先用相片复习，帮孩子回忆这些人的称谓，增加熟悉度，减少陌生感。

• **可能的困难**：本来愿意叫人，突然变得不喜欢打招呼。

解决之道 通常是孩子闹别扭，例如上次捣乱被长辈责骂，现在相应不理；上次长辈跟自己玩过头，孩子心生惧怕、避而远之。这时刻意勉强恐适得其反。过段时间大部分孩子会化解心结。

• **进阶困难**：孩子不想叫人、怕生不熟、想睡想玩、一次要叫太多人很烦等。孩子有各种原因会对陌生人不理不睬，家长难免有些尴尬。

利用照片让孩子熟悉亲戚们，可减少陌生感。

解决之道 先解决孩子需求。如果孩子明明很累想睡，硬要勉强，反弹会增加；孩子正聚精会神看电视，不愿分神跟长辈打招呼，家长此时可能会火气上升。但不要忘了，一码归一码。日常的规定（看电视与否）要避免在父母准备招呼客人时同时处理，因为这时父母的情境压力增加，易顺势转嫁到孩子身上。如果"为了打招呼而不能继续看电视"，孩子将此联结，日后便会更加排斥跟人打招呼。

★为表礼貌教养，打招呼除了出声叫人，眼神接触、语气、态度都是沟通的肢体语言。

- **可能的困难**：打招呼只为了符合父母要求，并没有真正要跟其他人互动。

解决之道 尊重孩子的选择。如果孩子真的对来访的亲友

"兴趣不高",硬加勉强效果也不大。若孩子热络只因"访客会送礼物""访客会拿手机让自己玩游戏",偏离互动的本身,这样也不好。

・**可能的困难**:孩子可能并非不愿意打招呼,只因过于害怕或陌生。

解决之道 父母教导孩子"打招呼要看着对方"。在细节上,若孩子惧怕两眼直视对方的压迫感,可引导孩子试着看对方鼻子或嘴巴,借此分散注意力。在访客的配合下,可以利用取绰号等方式降低孩子的恐惧。例如某朋友面貌凶恶,常吓到小孩,后来取了绰号"史瑞克叔叔",每次跟小朋友打招呼也愿意蹲下来,避免高大身材给孩子造成心理压迫。孩子通过对动画片的熟悉感,降低孩子的恐惧,顺利跨过心理障碍,发现这位史瑞克叔叔其实面恶心善,对小朋友很好。大人可以先通过语言跟肢体动作,展现热切友善、愿意沟通的态度,让孩子卸下心防。

沟通是多层次、多面向的

打招呼是沟通的第一步,而沟通是多层次、多面向的。人跟人之间要充分沟通,首先双方调整一致的沟通频道,才能开始进行对话内容。以 A、B 两人为例:

A 发出沟通信号—B 接收信号—
B 解读信号后,向 A 回复—

A 接收来自 B 的信号，然后再度发出信号，表示收到 B 的回复……

此时 A、B 建立好顺畅的沟通频道，接下来就可以准备传递更复杂的内容了。

套用到大人生活中的状况就是：

在会议中，A 偷偷对着 B 眨眨眼（发出信号）—

B 见状，并知道 A 试图传递某个信息（接收并解读）—

B 也眨眼，回做一个表情（回复信号）—

A 看到 B 已经准备好了，于是把眼睛望向某特定人（再度发出信号）—

B 顺着 A 的目光看过去，发现某主管正在打瞌睡，嘴巴张开。然后 B 回望 A，两人相视窃笑。

例子中 A、B 通过非语言达成高层次互动，这是双向沟通的基础模型。孩子正在学习阶段，表达较为片段，需要更强的接收力及表达回馈。

注重互动质量，而不是责骂强逼

按照上述沟通模型，首先要建立相同的沟通频道。有些大人不熟悉跟孩子的双向沟通，采用单向沟通，易遭拒绝或沟通质量不良。

孩子明明看起来闷闷不乐，却要求："还不快打招呼！"孩子已经不喜欢某种玩法，大人却一直吓他，把这种行为辩解为"我是跟他玩""我是训练他不要怕陌生人"，遭到孩子拒绝后恼羞成怒，转而指责孩子的父母，用说教的语气说："怎么没教好，见到人都不打招呼！""你这样过度保护，孩子会越来越自闭！"这是利用家庭地位摆出权威姿态，利用社会情境压迫孩子及孩子父母，却没想到自己应该用贴近孩子的方法与孩子互动。

大人可参考以下方式化解孩子心防：

· **宠物**：家养宠物通常能引起孩子的兴趣，孩子对大人戒心降低。例如，称呼"猫咪阿姨""米格鲁叔叔"等。

· **夸张语调**：习惯跟小孩说话的大人，往往会用较夸张的语

孩子眼中的大人像巨人一样陌生，甚至恐怖。

调来表达正向情绪,"伟伟你好棒哦!你怎么让这台小车车可以跑这么快啊!""山姆你好慷慨!愿意拿饼干请阿姨吃!"

• **强调情绪**:直接将感受"说出来",让孩子觉得被接纳。"小瑜今天来阿姨家玩,阿姨很开心!阿姨准备了很多好吃的东西哦!""没想到在半路上会遇到妙妙,真是惊喜!好开心!"

• **利用卡通图案**:孩子或自己身上有卡通或动物图案,可用这些来跟孩子对话。"芊芊你背的包包好特别,这是谁?(指着卡通图案)""你看阿姨身上也有猫咪图案,有没有找到?(引发兴趣)你看,在这里!(增加互动)"

• **询问孩子已经知道的答案**:依程度询问孩子有能力回答的问题,例如年纪、有没有上幼儿园、学过哪些才艺、有哪些好朋友等。孩子太小就询问更简单的,例如"这是谁?(指着妈妈)""他是谁?(指着卡通图案)"先让孩子愿意开口,就能继续交流下去。

• **重复的行为有其意义**:小孩会在游戏中表现重复行为。例如玩积木:孩子拿特定的某台小汽车,重复从车库开出来—绕一圈—停回去。大人只见重复动作,在孩子脑海中想象是鲜明的再次经历,他不觉得是重复。好比坐云霄飞车,虽在同轨道上转圈,但每次搭云霄飞车都是一次精彩过瘾的经历。大人觉得无聊,孩子体验却非常深刻。重复的玩法有其意义,若有时间就陪着无妨。

贴心小提醒

孩子跟人打招呼、培养礼貌习惯，在这些外显行为后面，重要的是与人互动的特质与内涵，是学习社会化的重要部分。我们可以不强迫其外显行为，如对幼儿强制要求打招呼等，但是对于其社交沟通的互动学习要给予引导，并协助孩子顺利成长。

21 过度保护犹不及，行为退化停、看、听

明明已经会的，怎么又赖皮说不会了？

> 这天出门准备下楼梯，大波走到楼梯口却说："我不会走！"妈妈傻眼，大波怎么突然退化了呢？
>
> 问他为什么不会走，大波说："太高我会怕。"爷爷这时走出来，牵着大波说："乖，我陪你下楼梯。"大波默默跟着爷爷，回头看着妈妈手上抱着的小宝，仿佛想要说些什么……

孩子的退化行为常跟心理状态有关，是原始的心理防卫：退化成婴幼儿时期，可获得较多地保护与依赖。在高压力情境下是个轻松的应对方式。

孩子退化原因是找不到其他的应对方式，最后衍生为心理及行为退化。有时父母不察，孩子也会以"不恰当的行为进化"来应对压力。针对这些问题，我们试着加以分析。

为什么孩子学不会？

孩子的行为可以大略分为三种：

★行为退化：原本会的行为，变成不会

- **太久没用而生疏**：上个礼拜学过剪纸，中间没练习因而忘记了；五岁学过踢足球，三年没练习，八岁踢足球要重学一遍。太久没练习，过去曾学过的记忆在大脑已经淡化，难以唤回。

- **因心理状态而退化**：大波已会拉拉链，小宝还没学会。父母都帮弟弟穿夹克，还敦促大波动作要快点。大波因为心理冲突而退化，突然变得不会拉拉链。这是一种自我心理防御，用来减少内在的冲突与不平衡。

★行为发展不足：原本应该要会的行为，却还没学会

- **环境限制**：看似不会，其实是环境的关系。家里的料理台过高、饭锅也太重，大波无法练习洗米煮饭。如果有较矮的料理台以及较轻的饭锅，只要年龄到了，大波很快就能学会怎么洗米煮饭。反之若设备无法配合，大波即使上小学也没办法学洗米煮饭。阿庆在偏远乡区长大，村落里车辆稀少，没有红绿灯，没机会学习依交通信号过马路。到了念中学搬到镇上，大人讲过几次后，阿庆很快就学会了。

· **过度保护**：家人从不要求孩子扫地洗碗，过度保护。如今一旦要求，孩子会排斥，认为突然增加劳务，甚至有被惩罚的感觉。推托没学过、不会做。目前小学五六年级的孩子未曾洗米煮饭者比比皆是。

· **位阶限制**：老大可以训练领导力，老幺在家庭中排行最小，即使想领导却苦无对象。大波负责帮忙带弟弟，大波已学会自己上厕所，先学会骑脚踏车，也会趁机教导小宝。小宝没有弟弟妹妹，没了小跟班，就没机会练习"指导后辈"，个性易偏向习惯服从，不知如何带领别人，同时依赖指示，有错"带头的扛"。

★行为能力被错估：脑力发展不同步，被大人高估或低估的行为能力

· **认知发展较早**：逻辑认知发展较快的孩子，口语表达能力可能还跟不上，无法充分表达其喜怒哀乐等情绪。明明已经通晓一些事情，却遭到别人低估其能力。孩子想表达的讲不清，情急之下便会发脾气。若大人不明白，孩子还会被当成脾气坏。

举例来说，素熙三岁时已能分辨"自己的玩具"等物权。这天其他小孩来家里，妈妈拿出素熙的玩具让大家一起玩。素熙虽然不愿意，但不知道该如何表达，也不知道该如何用行动阻止其他小朋友玩自己的玩具，最后只好直接哭出来。这个例子中，素熙已明白物权，也想保护自己的物产，大人却认为他"年纪还

小，应该没关系""玩具本来就要大家一起玩"，对于素熙的哭泣直接予以忽略，不刻意处理。素熙觉得遭到漠视，哭得更大声。

- **语言发展过快**：有些孩子语言发展较快。但语言表达只是部分大脑功能，其他包括情绪成熟、感觉统合、沟通能力等并未成熟。语言丰富、口齿伶俐的"小大人"，常因"不恰当的行为进化"让大人高估其行为能力。

举例来说，妈妈责备黄晶挑食，结果她回答："我应该有权决定我喜欢吃什么吧？难道大人每种食物都喜欢吃吗？这样逼我，我会很忧郁。"黄晶的话听来振振有词，其实她才七岁，本该受大人约束。然而黄晶妈妈一时语塞，不知如何说服她，只好作罢，任由其挑食。这是过度高估孩子的结果。

- **取长补短**：用强势发展补足弱势发展。
- **低智商孩子的群育要求较高**：功课比不上别人、做事慢半拍，长期下来孩子为了避免遭受责难，会取长补短，学会适应：融入团体（降低个人特色，希望大家都一样）、讲究和谐（少表达自己意见，以团体意见为主，也讨厌别人发表不同于团体的意见）、从众心理（以多数意见当真理，过度在意他人认同）。

优点：只要不突出于团体，就不易被盯上。真出事也是大家一起扛。这基本上是个合理的团体适应方式。

缺点：发展出话术来掩饰缺点，包括语带模糊、高深莫测，甚至断章取义、造假说谎等。在这个状况下，容易高估其认知能力。比如说：因为不会算术，回答"我忘了这个多少钱"，而不说"我不会算"；考试答错，称"我来不及写，我没看到这边还有题目，我睡着了"，而回避"考试太难我不会"。

·智能较高的孩子刻意忽略群育： 在人际互动上受挫，不知道该如何改进，因而发愤图强，以功课表现争取老师和家长的认同，以智育（强势发展）来弥补其不足。

优点：原本我们就应该取长补短，发挥优势。

缺点：对缺陷刻意回避，视而不见，以扭曲的观念替自己的缺点辩护。比如会出现下面几个例子：

1. 觉得自己是丑小鸭，没别人漂亮，于是用功读书来争取认同，结果长期抗拒打扮，聊天时回避外貌议题，或刻板认为"追求打扮是肤浅无脑的行为"。

2. 说话容易得罪人，不学习如何讲话圆融，反而凭借着优异智育恃才傲物，自认"不跟笨蛋们一般见识"。

3. 家长通常相信"功课好的孩子很聪明，聪明的孩子样样好"，于是高估其他方面的能力。

行为退化的背后，是想跟父母说……

孩子的每一次行为退化或犯错，都是在向父母表达"请重新评估并调整我的发展进度表"：

★ **如果我学得太快，我只会更累**

如果大波学会叠被子，以后就多了一项任务。长期下来就变成"多做多错、少做少错、不做不错"。既然如此，还是省些力气，不要学那么快。

解决之道 "限定学习范围"，告诉孩子：不会因为学会煮白米饭之后，下次就要求他炒菜。家长应依照情境跟年龄调整进度表，并给予口头保证：不会因为大波学会叠被子，下次就要求他打扫房间，或要求他帮弟弟叠被子。

★ **如果我学得太快，我会失去更多爱（注意力）**

如果大波很快就学会自己绑鞋带，父母出门时只把力气花在小宝身上，大波就觉得失去了父母的关注。

解决之道 拨出"亲子专属时间"给大波，当成额外奖励；同样地，当小宝长大，也额外拨出专属时间给小宝。接着由孩子

我会自己穿鞋，自己背书包，爸爸妈妈怎么只照顾弟弟？

自主决定，看看这个专属时间是否愿意跟手足同享。

★如果我学得太快，你会舍不得

孩子认得回家的路，可能就不再安分地一路上紧握爸妈的手。老实说，孩子太早把手放开，父母也舍不得。有时孩子稍大，还愿意回头撒娇，牵父母的手，家长也会感到窝心。

解决之道 偶尔的退化跟撒娇只有一线之隔，父母在包容之余，可试着了解背后的原因。有时根本原因在于"父母舍不得孩子长得太快、太成熟、太不需要爸爸妈妈的保护"，父母本身的心理需求，无意间助长孩子的依赖及退化。但不必担心，自然的亲子互动本是在一次次进退之间调整的。

★如果我学得太快，我怕会犯错

学习本是从犯错失败中进步，但没人喜欢挫折打击。练习生字，明明学过却还是会出错，我们要试着看看孩子的困难在哪里，而不是责问"为何教过了还会出错"。如果不会再度出错，何必重复练习呢？

解决之道 既然犯错和挫折是学习的本质，家长应该避免处罚孩子的学习动机。"学习面对挫折"是学习的重要部分。孩子对有天分的项目兴趣盎然，对表现较差的科目兴趣不高。若要学习挫折忍耐力，就要专挑孩子表现较差的部分。

家长引导时，应将重点放在"愿意努力尝试""持续度很好，有继续坚持""过程中没有任性放弃"，而不是将重点放在"有没有进步"。比如练习踢足球,重点不在"有没有踢进球门",而是"有没有专心练习一个小时,没踢进也不放弃"。

奖励准则:达到家长要求的持续度就给予奖励,若没达到要求,这次不奖励,但下次要"降低标准"(如一个小时改为四十分钟),以"孩子多些坚持就能达到目标"为基准。

★我学不会,干脆放弃算了

孩子也有自尊心,学习中必然会遇到挫折,即使旁人不加以苛责,孩子也很难一笑置之。几次下来,可能直接投降放弃。面对挫折、心里窝囊,逃避是个"低成本"的压力应对方式。

解决之道 顾及挫败心理。我们理解孩子的挫折感(球怎么也踢不进),不急着"驱赶坏心情",也不急于"用奖励来鼓舞,

父母只需要理解孩子的挫折感,在一旁陪伴,不用急着"驱赶坏心情"。

让孩子马上重现笑靥",因为坏心情也是一种真实的感受。没有人受挫折内心难过脸上还笑得开怀,勉强孩子挤出笑容只不过是另一种扭曲。建议家长在一旁陪伴,告诉孩子:"我知道你没踢进球很不爽,甚至有点生气,也有点难过(理解其感受)。但今天你很认真练习我都看到了,我觉得这点很棒(鼓励其正向努力)!你下次练习时,我依旧会陪着你(承诺将共同承担未来的挑战与挫折)。"

★我学不会,只好假装已经会了,才不会丢脸

孩子怕功课退步遭责骂,或落后于其他同学,名次更差,只好假装自己已经学会了,怕被揭穿还拒绝老师和家长的协助。内心中又一再加深"我不够好"的信念,严重打击自信心。

解决之道 不要以对错来评量孩子的学习成果。孩子英文背过老是忘记,要"假设孩子遇到某个困难,所以想背也背不会",并协助孩子寻找困难。如果只因成绩不理想而责骂孩子,孩子"最节省成本"的改进方式就是"不择手段地取得高分",如作弊或隐匿考试成绩。

孩子的学习是一个"动态过程",其间不断变化,有时进步、有时退步。父母引导孩子学习也需要保持动态变化,应对孩子状态调整。"只许进步,不允许退步"就像毫无弹性的琴弦,绷太紧容易断裂。

贴心小提醒

孩子在成长过程中不断学习，在学习中也不断面临挫折。行为退化或其他行为改变，都是孩子透露出的信息。大人可以借此探查孩子的行为及心理状态，适度引导，让孩子在充满自信的状态下茁壮成长！

22 长幼竞争礼让讲伦常，手足之情从生活中培养
争宠、告状、打架，生两个小孩真的比较好吗？

> 大波两岁时，家里收养了一只幼猫，名叫阿毛。大波偶尔会帮忙喂食，私底下却经常捉弄它，甚至用脚踢。等到大波三岁时，弟弟小宝出生了，有一天妈妈发现大波偷偷捏弟弟，被大人看到才赶紧缩回手。

家中有新成员诞生，全家满心欢喜。老大在开心多了一个弟弟妹妹之余，也发现自己多了一名竞争对手。无论是喜欢还是不喜欢，兄弟姊妹将彼此相处很长一段时间。手足相处会随孩子成长而越来越复杂。以哥哥大波跟弟弟小宝为例：

- **瓜分资源**：若大波觉得父母因为照顾小宝而减少陪伴自己的时间，就可能会对弟弟产生敌意。
- **不平等对待**：若大波觉得父母可以容忍弟弟的不合理行为，却无法容忍自己闹脾气，就会觉得自己被针对，于是心有不甘并开始抗议。

- **自己终于不是最后一名**：因为大波终于有个"排行在自己后面的家伙"，自己终于不是最后一名，所以对小宝也可能较为容忍。毕竟，自己是属于"领先地位"，有个小跟班，很多事情都将变得不一样了。同时，自己也不再是家中唯一的小朋友，终于有个玩伴了。
- **利他行为**：大波在父母的要求下，会帮忙照顾弟弟。通过这种无私付出所产生的"自我有能感"，会让大波一点一滴培养"当排行老大的个性"：顾虑他人需求，不求回报地帮助他人。甚至将他人的行为及成就当成自己的责任般看待，积极面对。
- **教导行为**：大波学什么都比小宝早几年，因此顺理成章地站在指导者的位置，样样做到"哥哥教弟弟"。一边教导，一边自己也能通过"教学相长"而有练习的机会，同时要做弟弟的榜样，自我要求也会提升，一举多得。

孩子学会照顾宠物，学会关怀弟弟妹妹，从此有了更多责任感与荣誉感。

两个孩子刚刚好？手足会遇到什么问题？

可是，不用几年，当小宝脱离襁褓之后，学习速度越来越快，兄弟两人个性产生差异。我们假设大波五岁、小宝三岁时的新状况：

★ 同伴互动

小宝还没出生时，大波只能孤单地玩。就算大人参与游戏，也不过是陪着自己玩。若是跑步竞赛、接球比分数的游戏，也是大人让着自己，久了没意思。直到弟弟长大，才真正有了"能一起玩的伙伴"，可以真的比力气较劲、比谁跑得快。当然，哥哥难免要让弟弟，但总比跟大人玩好。两兄弟在互动中学习到：

- **人与人的应对进退**：若总是赢弟弟，弟弟就赌气不玩或哭闹耍赖。是要多让弟弟，争取两人继续玩下去，还是强调公平规则，该赢就赢？大人们的相处也是这样，偶尔吃点亏、偶尔争些便宜。大波、小宝通过这些互动，奠定将来与他人相处的模式。

- **判断团体意向**：爸妈询问晚餐吃什么，大波赞成爸妈的提议说要吃面，小宝就算想吃饭，也不得不同意。适度的团体压力，借此辨风向、识脸色，这是社会生活的基础。

- **同伴竞争**：兄弟俩形成一个小团体，彼此竞争，慢慢就会产生同伴压力。小宝对于画画较具天分，大波就嫉妒。短时间内大波可以通过努力进步，然而兄弟俩资质不同，若小宝美术天分高，大波老是在这个项目上比较，自然受挫。往好处看，这又是培养受挫力的机会。

★ 团体压力

团体压力能增加孩子行为改变的动机，比如说，大波先吃完饭可以离开餐厅去看动画片，弟弟见状就自动快点吃完，改正拖拖拉拉的习惯。标准一致：过去大波被要求九点去睡，父母却看电视看到十一点，大波自然不太情愿，觉得"爸妈可以我就不行"。如今兄弟俩都要九点就寝、睡前刷牙，这有利于接受度增加。

★ 互相模仿

大波学会穿衣穿鞋，小宝跟着学；大波伶牙俐齿跟爸妈讨价还价，小宝同样跟着学。反之亦然，小宝哭闹要糖果，大波看在眼里；小宝乖乖听话大人称赞，大波也会反省自己是不是该乖巧些。孩子模仿能力强，好坏都会互相影响。若能加强良性互动，坏的不学，学好的，父母将事半功倍。

★ 凝聚力

对大人而言，两兄弟会组成"小孩子一国"；对其他几家小朋友而言，会组成"我们家一国"。两兄弟由于相似度大，面对外人可以凝聚团结。若大波是黄种人，班上同学都是白种人，大波对肤色感到自卑，如果和兄弟在一起，两人皆是黄皮肤，就不会那么在意。家境不好，同学脚上都是名牌鞋，大波只穿便宜的布鞋而自卑，但若两兄弟都穿普通布鞋，就不会那么难过。同类型、同程度的人容易成为伙伴，家里的第二个小孩，是这种凝聚力的起点。

手心手背都是肉，父母怎么做才公平？

随着家中新成员增加，家庭系统虽然变得复杂，但其稳定性也逐渐提高，成为完整的系统。过去大家庭子女众多，父母无法顾及全部，因此大的带小的，借力使力，让这个系统自行运作。现在社会多为小家庭，子女一到两个，因此当新成员加入时，这个系统尚未稳固，易生纷扰。家长面对这个状况要沉得住气，以静制动，要相信家庭系统有其趋于稳定的能力。在这当中，家长如果想要适时介入，比如说，大波、小宝各吃一块蛋糕，最后盘子里还剩半块蛋糕。兄弟俩都想吃，这时该怎么分？

★谁比较喜欢吃蛋糕，就分给谁

孩子有的爱吃甜食，有的爱吃咸的。谁比较喜欢吃蛋糕就分给谁，这由父母自行决定。但因为孩子总希望得到更多，很少愿意出让的。即使自己不是很想多吃半块，但基于比较心理，依然不肯放弃。这时如果父母自行决定，孩子听到父母的意见，接受度反而增加。

有的父母为了避免争执，尽量购买一模一样的物品，兄弟俩各一个。明明一个爱吃甜菠萝面包、一个爱吃咸肉松面包，但因为怕兄弟俩比来比去吵架，所以只买同口味的面包两个。这考虑无可厚非，但父母很难永远准备两份。重点在于：孩子彼此争执时，有没有解决争端的机制。

★ 制定规则，谁赢了就谁吃

猜拳或掷铜板，机会均等。既然取决于概率，最好孩子之间的能力相仿。如果弟弟每次猜拳都出布，很容易输，那么父母就要知道猜拳是个对弟弟不够公平的游戏规则。

若哥哥老是占弟弟便宜，假借"教导"的名义欺压，就需要强调游戏的公平性。要记得：哥哥年长，但其"教导权威"是由父母所授予的。例如，弟弟小宝有辆脚踏车，却不大会骑，于是爸爸要求哥哥大波教小宝骑脚踏车。大波自顾自骑走小宝的脚踏车，一玩就玩很久，没有认真教。当小宝好不容易抢回脚踏车练习，不慎跌倒时，大波还推脱说"我有骑给他看啊，谁叫他那么笨"。这时爸爸应该暂时收回大波的"教导权限"，先纠正大波的行为之后，再重新授权大波教小宝骑脚踏车。

★ 制定条件，谁达到就谁吃

愿意帮忙擦桌子的人能多吃半块蛋糕，多付出当然可获得福利。若没人要做，就没收蛋糕，两人都吃不到。

也可以用"原本就要做的事"来当作条件，目的在于"增强动机"。

原本孩子们餐后要帮忙收拾餐桌，这是"原本就要做的事"，并不是因为多了半块蛋糕所创造出来的新条件。强调其动机（快点举手说自己要擦桌子）及奖励，无形之中让孩子更积极，一举多得。聪明的孩子也可以从中知道，既然早晚都要帮忙收拾，此时主动还能得到额外奖励，何乐而不为呢？

★ 让兄弟俩试着说服对方

教大波对弟弟说："我的小汽车借你玩十分钟，你给我吃蛋糕。"或教弟弟说："哥哥我唱首歌给你听，你让我吃蛋糕好不好？"孩子需逐步学习如何沟通协调、取得共识、各取所需，最高目标是创造双赢：你好我也好。在家庭教育启蒙中，由家长适度引导，手足间从生活事件里慢慢学习。若等到入学之后才让孩子在众多同伴中"靠自己学习"，风险较大，孩子也学得辛苦。

★ 赋予角色功能的社会期待

这是最后一招，强调每个人扮演的家庭角色，也就是传统伦常：兄友弟恭。哥哥带弟弟，弟弟听哥哥的；当哥哥的多让些，当弟弟的偶尔撒娇无妨。其他例子如男女有别：男生活泼顽皮、女生柔顺乖巧；男生可以爬上爬下，女生就该穿戴整齐坐好。角色的刻板印象有其优点，以符合社会期待的角色来要求孩子，一方面规范行为；另一方面也能让孩子了解"这个社会是怎么看待自己的"。

刻板印象亦有其缺点，用角色功能约束孩子时，要记得保持弹性，并随着情境及孩子的成长而调整，不然容易流于形式，缺点大于优点，最后会得不偿失。

贴心小提醒

家庭就是大家族的缩影,每当新成员加入,家庭结构就会产生变化,家庭系统就会随之改变。过程中难免会有些波动,最后会渐趋稳定,重新达成平衡。家长就像掌舵的船长,遥望远方、掌握方向,只要不被这些小波动所误导,家庭就能航向正确的目标。

23 父母爱心无限，时间有限，孩子应珍惜

物质越丰裕，越不知珍惜；父母越费心，孩子越不懂感激。怎么会这样？

> 山姆刚报名参加绘画课，才上两次课就找理由不去了；晚餐扒两口就说饱了不想吃。妈妈苦口婆心相劝，山姆当作耳边风。妈妈心想：小时候我想学钢琴都没钱缴费，如今我的孩子却不懂珍惜！

如今物质丰裕，无形之中养成了孩子浪费、不惜物的坏习惯。不要忘了，孩子这些习惯，是从生活经验中学习而来的。效法的对象，就是日常生活中最常接触的大人。大人并非刻意浪费，但孩子是张白纸，对于眼前所看到的大人行为没有知识加以判断，全盘吸收后逐渐习以为常，就养成了浪费习惯。

日常生活中的浪费

・**用过即丢的餐具及包装**：孩子看到免洗餐具或商品外包装不断地被大量丢弃，便形成"用完即丢"观念。对待物品如此，

会由外而内，内化到孩子心理层面，对"人"的态度在潜意识形成"除非对我有好处，否则用完即丢（我不理你）"观念。建议多使用自备餐具，如碗筷、水壶等，若贪图方便却养成孩子"凡物皆可抛弃""用过即丢"的习惯，孩子将不懂得爱物惜物。

- **天然资源的浪费**：家长可借机会教育孩子，例如睡前检查门窗，出门前要求孩子负责检查水龙头、电灯及电器开关等，灌输节约水、电的概念。

- **文具用品及教育资源**：家长若"无限制供应各式文具"，孩子会不懂珍惜。真正的珍惜是将文具妥善保管，用心将文具用品尽最大化利用。若教育资源如才艺班"无限量供应"，孩子就爱学不学，态度散漫。

- **卡通、电视网络及玩具资源**：信息廉价地无限量供应，会让孩子习惯专注最炫目的影音，只寻求满足眼球视觉、放弃大脑思考。玩具再多，孩子也不会珍惜。

如何让孩子学会惜物？

为了让孩子学会"爱物惜物、知感激"，我们可以将以下方式应用到生活中：

★增加稀有性

"物以稀为贵"，数量有限，就会懂得珍惜。贫苦的年代没白米饭吃，因此掉到桌上的饭粒就变少了，吃剩的饭菜也不多。如果孩子们有无限量供应的各种资源，当然会只挑当下所喜爱的，抛弃现在没感觉的。因此要加强孩子爱物惜物，最直接的方式就是减少数量。

★ 缩短时效性

"限时折扣""周年庆"具有时效性限制，让人觉得"要把握机会""机会难得"！让消费者产生错觉"现在虽然不需要，但难得这么便宜，赶快先买了，说不定以后用得上"。家长可利用这种逻辑：餐桌上饭菜大量供应，但"时效有限"，原本会放一两个小时，想吃的人先去吃，现在只放四十分钟，晚了就吃不到。孩子会有"现在虽然还没那么饿，但不趁现在吃，待会儿就吃不到最想吃的那道菜"的错觉。若饭菜放冷了也没有收起来，想吃就随时有得吃，孩子当然是先看动画片了，再考虑慢吞吞吃

数量太多，唾手可得，要珍惜也难。物以稀为贵。

个一两口。

★ 取得的难度

取得资源的门槛越高,越会让人联想到背后的努力。例如,孩子考试第一名,获得奖状。虽然奖状不过是一张纸,其代表的却是"学校正式给予的肯定"。由于取得难度高,这奖品的价值就提升了。若孩子习惯人人有奖,认为这奖项是自己应得的,自然轻视。同样逻辑,平日可以看一小时电视,但要多看额外十分钟,可能要多付出很多:帮忙洗碗或功课提早写完。这额外十分钟,相较于每天都能看的一小时,没什么大不了。然而这额外十分钟所被强化的"努力—奖励"联结,是让这区区十分钟变得难能可贵的原因。

★ 创造选项,不可兼得

领了第一名的奖状,就不可能同时领第三名的奖品。然而,人总会羡慕自己所没有的,尽管在理性逻辑上知道"鱼与熊掌不可兼得"。利用这个逻辑,我们可以"创造选项",让孩子在面临选择之下,先慎重地选择自己比较想要的,然后将第二选项当作下次的奖励。例如,以甜点当奖励,整份甜点可能原本有香草冰激凌加上巧克力饼干,非常丰富。不加节制的话,孩子两种都要。若将这份甜点拆开,改成"只能选冰激凌"或"只能选饼干"。让他这次只能选一种,他会珍惜自己这次选的,同时会期待自己这次没选到的,家长可顺势告诉孩子:"下次如果跟这次一样有进步，下次可再选，到时候就可以选另外一个啦！"

如何让孩子懂得感激？

上述大多是对于"物质资源"的珍惜与感激，现在我们试着推进到较高层次，讨论抽象的资源：

★父母的时间资源

许多父母因为不忍心拒绝孩子，所以当要做自己的事时，只好"装忙碌"：辩称"爸爸现在有很重要的事情要打电话（其实是闲聊），你乖乖先去客厅玩""妈妈现在要上厕所（其实坐在马桶盖上打瞌睡）"。但从孩子的角度来看，父母要不就是外出工作，要不就是在家陪小孩，因此孩子对于父母的时间资源是毫无概念的。

父母应将家庭生活时间留一小段给自己：为什么父母不能单纯地"想自己静静、拥有独处的时间"呢？哪怕只有五分钟，将这段时间留给自己，让心情沉淀。就算万不得已因为孩子而要挪用这段时间，孩子也能知道"这是占用妈妈宝贵的独处时间"。若不加以区隔，孩子很容易觉得"父母的时间不是问题"，进而霸占父母所有时间，不知珍惜亲子相处的时光。

家长若觉得这提议很难做到，我举两个例子说明这提议的可行性与重要性：

- **所有孩子都知道，不要随便把熟睡中的大人吵醒**：不单单是吵醒大人所需面对的可怕后果，同时孩子也知道"自己睡觉被喊醒很痛苦"，进而理解"爸爸睡着的话不要随便吵他"。由此可知，只要明确告知孩子，孩子可以学会尊重父母的个别时间。

- **孩子对父母放下工作抽空参加自己的活动，往往特别珍惜**：孩子明白父母工作是很重要的事，因此若忙碌的父亲特别抽空，哪怕只是接孩子放学，孩子都会感受特别深刻。

★ 来自家长亲友的情感资源

从时间资源延伸，就是无限的情感资源：无限的包容、耐心与爱心。父母教导孩子自然循循善诱、谆谆教诲。由于教养时间长达数十年，孩子容易认为这种情感资源是无限的。父母教养的

父母把24小时都给孩子，孩子反而不易珍惜。给他整盘比萨，吃撑的孩子却只要一片。

过程中应该认清，对孩子的"爱与情感"可以无限，但对孩子的"包容与耐心"却不是无限而毫无节制的。

★父母的包容有限，孩子要从犯错中成长

孩子所理解的世界，无法以理智判断，只会从眼前片段的现象来自行解读，于是产生"对教养的反抗"：孩子三岁时吃饭打翻餐碗、平常动辄闹脾气，父母当孩子还小，处处包容。七岁时还这样，父母趋于严厉，孩子却认为"对我的包容与耐心不是无限的吗？为什么现在那么凶？为什么以前可以，现在不可以？是不是你们不爱我了？""既然你们说爱我，为什么现在对我那么凶，对弟弟却不会这样？"

孩子有撒娇任性、失误犯错的权利，但也要负责"承诺改进、持续成长"的义务。若只享权利不尽义务，就好比总是赖在地上哭闹的孩子，没有顶天立地的一天。家长之所以可以无限包容孩子哭闹耍赖，不就是因为"相信他总会长大"吗？把这信念化成行动，就是清楚告知孩子的权利与义务。这个权利和义务会随着年龄调整：孩子越小，犯错的权利越多；年龄越大，改进成长的义务要越多，而且进步幅度要越来越快，最好能自动自发改进，不能老靠父母"说一句才动一下"。

★父母的耐心有限，孩子要从失控中成熟

情绪管控也是同样的逻辑：孩子遇到挫折可以发怒跺脚、可以难过掉泪，气极乱摔玩具、破坏物品。但孩子要承诺，在

乱发脾气之余，将来要逐渐长大，个性要越来越成熟。表现在行动上，就是尽全力学习成长，一次比一次进步，一次比一次更好。

个性成熟不是蓄意淡化喜怒哀乐，而是在情绪抒发之外，还能以负责的态度来面对。个性成熟不只是压抑怒气、遇到挫折还笑称不在意、当没这回事。孩子应是通过学习，让个性逐渐成熟，学习负责。负责，就是努力的过程。曾经努力付出，就会懂得珍惜。以负责的态度，在家长的包容之下（享犯错的权利）努力茁壮成长（尽成长的义务）。

学习自我负责，摆脱依赖性

顺着这个教养原则，孩子逐渐学会爱物惜物、珍惜感激，以负责的态度面对目前享有的资源。例如，父母花高额学费让孩子去上才艺班、孩子以珍惜的态度来学习。父母花时间跟孩子相处同乐，孩子愿意珍惜这时光，而不将时间浪费在耍性子、闹脾气上，这是最理想化的状态。然而在现实层面上，孩子很容易随着时间拉长，开始产生各种困难。

孩子在成长过程中，会对负责产生压力，压力衍生恐惧：

"妈妈要我自己决定选钢琴课还是足球课，如果是我自己选的，就要自己承担，不能退缩，也不能说不学就不学。这样还不如不要选，反正到时候就推给妈妈，说当初是她强迫我学的，又不是我自己要学的。"

"爸爸要我自己选,看是要念原来的学校还是转到私立小学。我舍不得原来的同学,但爸爸说私立小学比较好又比较贵。如果我自己选,将来成绩不好怎么办?还是交给爸爸决定好了。"

小时候没学会"承担责任",长大后面对类似情境同样还是找父母解决:

"我不知道该怎么选填科系志愿,还是听父母的意见比较轻松,不然我很累。"

"我带回来的女孩子爸妈不够满意,将来还是不要娶她好了。"

这种"心理依赖"总认为自己的情绪和遭遇都是大人造成的,皆是别人的责任。若抱持着这种心态,即使孩子三四十岁,只要父母还健在,心灵依旧停留在幼稚阶段,毫无责任心可言。

贴心小提醒

孩子会有这种想法无可厚非,因为学习面对负责、面对压力原本就是困难的事。所以家长的观念要调整好:随着孩子的年龄来调整权利、义务的比重,孩子才会不怕挫折,健康成长。

我们希望孩子心怀感激、珍惜资源,借此体会父母的用心。培养孩子以认真负责的态度,不敷衍、不潦草地尽自己最大努力,善用资源,在错误与包容中逐步成长为有用的人,这是所有父母的期望。

24 孩子在校在家两个样，家长老师合作一条心

在学校一个样，在家一个样，父母问太多，会变成恐龙家长吗？

> 看到老师在联络簿上写"黄晶抢同学的饼干吃"，妈妈连忙质问。黄晶答："是同学请我吃的！"隔天傍晚黄妈妈又接到老师来电，赶紧向老师解释原委。老师语气有些冷淡，大多沉默听着。回头黄妈妈心想，会不会无意间又惹老师不高兴了……

家长面对老师时经常发生明显的沟通障碍：第一次见面就产生误会，留下不好的印象，日后解释起来容易越描越黑。热心教导孩子的老师占绝大部分，但不能光凭老师的热心肠就期待把孩子教好。

如何跟学校老师好好合作，诚恳沟通是第一步；要建立好的沟通，首先要试着从老师的角度看问题。

老师和家长角色不同，看事情的角度也不同

在这里可以用"牙齿"来作比喻。假设一位老师管理一个班级，班上有三十二位学生，我们以一位成人三十二颗牙齿，一颗牙齿代表一位学生比喻：

1. 今天 A 君要用牙齿好好吃东西，平常就要好好刷牙、饭后漱口。

2. 刷牙的时候不可能一颗一颗牙分开来刷，必定是满口牙一次刷干净。

3. A 君平常关注的是吃东西有没有问题，很少没事去关注特定一颗牙齿。

4. 平常刷牙时，对每颗牙齿一视同仁，没有差别待遇。

5. 牙痛不舒服，A 君要花额外时间看牙医，看看是什么问题、能不能治疗。

6. 尽管花时间，若修修补补能让牙齿不那么痛、不妨碍吃东西，这是可以忍受的。即使几颗牙缺个角、带些结石，只要没大碍，那也无妨。

7. 如果牙痛好一阵子，多次看牙医都没办法搞定，最后就是直接拔除那颗牙齿。

到了这个地步，A 君对那颗老是让自己疼痛的牙齿是没有任何眷恋的。

依照类似逻辑,老师管理班级,就好似管理三十二颗牙齿:

1. 每日例行的工作内容就如日常刷牙:按时教课、批改作业。

2. 例行工作的重点在于"按时完成"。批改全班三十二份作业,首重整体完成率,个别状况次之,就像刷牙时全部一起刷,不会专注单一颗牙。重点在于每个学生都要交作业,让整体完成率达到百分之百,顺利结束例行工作。

3. 学生作业写得用心当然很棒,但对老师来说,第一重要的是"学生按时交作业"。唯有这样,老师当天才能顺利改完作业。

4. 至于学生有没有认真写、还是看太多电视贪玩来不及写

老师眼中,先看的是全班,接下来才会看到个体。

作业，同样很重要，只不过优先级排在第二、第三。

5. 如果学生多次发生问题，例如，经常迟交作业，甚至为了口头告诫这位同学迟交作业的事情，花费太多课堂时间，如此等同干扰课程进行，老师需要再花费额外时间处理，好比牙痛去看牙医，虽然耗费精力，但这是必经过程。

6. 到此阶段，家长会接到老师电话通知，说明孩子在学校发生的问题，寻求共同解决方案。

从家长角度来看，双方的第一次接触就是在孩子出问题的时候。有别于新生入学、家长会的集体场合，双方面对面的第一印象就建立在"我家小孩有问题"的情境，光这点很多家长就难以接受，潜意识里筑起一道防卫高墙。表现于外，就是言语上的辩驳与否认。

家长眼中，先看到的是自家宝贝，其次才关注班级。

7. 当老师认为学生的问题难以处理或已经扩大到校规层面，就会在校方会议公开讨论，拟定处理方向。这时就会像 A 君面对造成剧痛的蛀齿，选择拔除一样。

大部分老师会尽全力帮助每位学生，避免走到这一步。为了避免成为压垮骆驼的最后一根稻草，家长此时应该尽早协助老师减轻负担，间接替自己孩子争取更多的转变时间与机会。

简化说法就是：从老师角度而言，首先考虑的是全班的状态，其次才会注重学生个别的状态。这种思考逻辑，跟家长有很大不同。家长第一考虑的是自己家小孩的状况，接着才会顾虑到全班。

老师这么想，家长那么想

> 一位小学新生才刚入学，在椅子上坐不住，不时离开座位、干扰课堂。老师屡劝无效，怀疑这个小学生可能是多动儿，于是通知家长带孩子去看病。

父母第一在意的是"老师说我孩子多动"。医师评估结果是"轻微多动"，不需要强制吃药。最后家长决定不给孩子吃药，孩子也确实不是严重多动症。家长的想法是，只要孩子没严重到需要吃药，那么就不吃。至于全班其他同学能不能好好上课，也很重要，只不过这是第二个才需要考虑的。老师第一在意的不是"这位小孩到底有没有多动症"，而是"全班能不能继续好好上课"。如果孩子服用药物能够让课程顺利进行，老师可能会倾向让孩子服药。

于是，不同的考虑序位可能因此产生意见冲突。

> 一个会动手打人的小朋友让老师头疼，因为挨打同学的家长来学校抗议。打人当然不好，只不过打人的小朋友也许另有原因。

老师的首要困扰在于"家长到学校找校长告状"，次要才是"小朋友嬉笑打闹的事情原委"。

打人的小朋友的家长回家后将孩子好好揍了一顿。老师后续追踪，家长答称："我已经教训过孩子了！"试问，有解除老师的主要困扰吗？

如果打人的小朋友的家长单方面只考虑"小朋友之间打打闹闹本来就正常"，或是认为打骂完就没事了，却不了解老师的压力所在，那么这些压力最后仍会由老师潜意识转移到打人的小朋友身上，孩子被贴上标签，问题依旧没解决。

家长和老师的考虑顺序不同，在孩子眼中，就形同老师跟家长的不一致，是教养策略的两个方面。孩子不但无所适从，还被迫寻找夹缝中求生存的方法：见人说人话、见鬼说鬼话。在老师面前说一套，在家长面前说另一套。长久下来不但原问题没解决，更养成虚与委蛇的双面人性格，坏处更大。

别当怪兽家长，亲师沟通怎么做？

★ 了解老师压力源，先针对压力源处理

若老师压力来自其他家长，可直接与对方家长沟通，化解误会。

若孩子作业没交，"先求有，再求好"，先让老师能完成日常例行工作。作业质量的提升，或者孩子无法好好写作业的困难，容后再处理。

若孩子已数天打扰上课秩序，在改正其行为前，先让孩子离开学校几天，让老师先解除"无法好好教课"的压力。

★ 避免将自己的情绪转移到老师身上

许多家长在家庭跟学校间疲于奔命，无形中将老师当成自己诉苦的对象。老师要同时照顾孩子跟孩子家长的情绪，通常只会让事情更难处理。老师是你教育孩子的工作伙伴，不是畅谈心事的朋友。

- "我也认为孩子不该一天到晚玩手机，但他爸爸老是唱反调说没关系！"将夫妻间的教养矛盾向老师诉苦。
- "我公公本来说好要接孩子回家，临时又说要去医院拿药，我根本分身乏术。"将与长辈间的难处向老师抱怨。
- "我家孩子平常在家中不会这样啊！"否认问题、拒绝面

对，由于无法消化自己的情绪，于是将问题丢回给老师。

★适时接纳老师的情绪压力

鱼帮水、水帮鱼，老师也是平凡人。家长适时协助老师消化其情绪压力，老师会将获得的能量转移到帮助自己孩子身上。尽量少直接给老师建议，而是理解其"必须兼顾教学与管理"的难处。直接给建议代表的潜藏语意，往往是"你就照我说的这样做，做不到就是你的问题，不采纳建议也是你的问题。总之，不要再抱怨了！"说者无心，听者有意。到底该怎么做？听到老师抱怨时，以倾听代替抗辩，倾听就是最好的包容与接纳。

★将身为家长的优势，转化为老师的助力

家长的优势在于"你跟校长的从属关系是平行对等的""老师跟家长的从属关系也是对等的"，但"校长跟老师的从属关系是上下阶级"。老师的为难之处，往往对家长不是问题。

将申诉渠道变成"说好话渠道"，利用校长信箱或网站留言，替老师美言几句，往往有意想不到的效果。与其当面指责老师，不如礼貌地质询校长"有没有提供老师解决问题的充足资源"。

例如，向校长说："我看到××老师已经多次努力排解问题，我很感谢他。但这当中学校是否应该提供更多人力来帮助××老师呢？如果提供更多资源，是不是能让××老师更顺利解决

问题呢？"将惯常的申诉抱怨转为"替老师找资源"的助力，问题经常能迎刃而解。

不要忘了，家长跟教育单位如教育局，也是对等关系。替校长说好话、找资源，同样是种可行方式。重点在于"逐级上报"，若直接跳级申诉，难免予人"仗势施压"之感，因此重点在"找资源"而不是"告御状""拦路喊冤"。

★ 认清老师的职权，抗议不如倾听教学用意

学校作业太多导致孩子写不完。与其抗议老师作业数量规划不善，不如了解老师的教学用意为何。

如果作业是为了"因应校方规定"，那么要反映的对象是校方，而不是老师。如果作业是为"增加孩子学习成效"，那么在没有更好的方法之前，只能接受目前的方法。毕竟，老师有权利决定教学方针。

更普遍的现象是：老师规划作业的原则是"让家长觉得教材很丰富，学费花得值得""别家幼儿园有的我们也要有，不然家长会反映""万圣节要化装扮相、生日要有生日趴"，结果回过头来，累苦的反而是家长自己。

★ 寻求最可行的方案

天底下没有最完美的教育环境。许多家长花大钱送孩子到贵族幼儿园，结果却不符期待，或人比人气死人，同学家长之间的意见冲突比孩子学习困难来得更无解。

转换教育环境或许不可避免，但更重要的在于老师跟家长间的默契与沟通。常听到家长说："最近换老师，孩子不适应，新老师不知道小孩的牛脾气，一直带不好，结果问题拖到现在越来越糟。"

贴心小提醒

解决问题的一致性往往比解决方法的内容更实际。我们应该就现有资源谋取最大共识，寻找"最可行的方案"，而不是寻找"理想中的方案"。了解学校老师的考虑，替对方解决问题，对方就会替自己解决问题。单方面剥削与指责对方，孩子有可能因此间接受到伤害。家长跟老师若能建立顺畅对等的沟通平台，就能真正面对问题，进而排除困难，顺利解决。

25 从认识身体开始，认识性，培养自信

媒体色情暴力泛滥，如何教导孩子保护自己，也尊重别人的身体？

> 夏天闷热，妈妈帮两兄妹多多和毓雅洗澡，毓雅为了贪图凉快，刚洗完就光溜溜从浴室跑出来。外婆见了，提高声音说："你怎么没穿内裤就跑出来了？"毓雅说："多多每次也这样啊！"外婆说："男生女生不一样！"毓雅心想："我跟多多是双胞胎，明明就一样……"

"儿子不拘小节，女儿较贴心""女儿黏爸爸，儿子黏妈妈"。这是社会文化所期待的男性或女性，在社会情境中扮演不同的角色。社会文化对不同性别也有不同要求：女生可以打扮得像男生，穿裤子、剪短发，素颜亦无妨；男生却不能穿裙子，也不能涂眼影、口红等女性装扮。社会文化对性别角色的要求，广泛地影响到孩子的性别发展，其中区分为家庭情境和社会情境：

家庭和社会对孩子的性别期待

★家庭文化中的性别角色

- **明显的部分**：重男轻女、男尊女卑等传统家庭观念。"家家有本难念的经"，通过婚姻嫁娶，不同家庭文化之间会产生交流与冲击。例如，开明家庭的某位女生因同辈多男生而从小被捧在手心，嫁入男尊女卑的夫家后极度不适应。
- **不明显的部分**：僵化的家庭性别角色会要求女生一定要温柔细心，学习烹饪；男生非得开朗活泼，不拘小节。于是同一个屋檐下，妹妹可以"不必勇敢"，退缩胆小是正常，哥哥却被要求要有勇气，像个男子汉；哥哥可以"不做家事"，自小未曾擦桌子、洗碗筷，妹妹却负责饭后洗碗。这种固有的性别角色，可能是变相的"性别不平等"。

★家长内心所期待的性别角色

- **男生**：喜欢汽车、士兵、蓝色、玩团体游戏积极、强调竞争与领导能力。
- **女生**：喜欢娃娃、打扮、粉红色、团体游戏中强调合作协调与避免冲突。

家长在教养当中不知不觉灌输性别角色，让孩子认同并从中学习适应：也许两兄妹都被要求洗碗擦桌子、遇事不退缩、

喜欢机器人的一定是男生？喜欢熊玩偶的一定是女生？
父母期待跟家庭文化期待是性别认同的重大影响。

勇敢表达自我意见，状似性别平等。但父母替孩子们买玩具时，哥哥买汽车，妹妹送娃娃。这其中就隐约潜藏着家长的内在期待。

★社会或校园情境所期待的性别角色

针对不同性别有相对应的性别角色期待，问题发生点在于：当社会情境与家庭教育情境发生性别角色冲突时。

小男生怕黑，在家中父母会提供保护，在同伴中因为怕黑被讥笑为"胆小鬼"。女生喜欢穿裤子，在家父母不强制女生穿裙子，但学校硬性规定女生穿制服裙子，这就造成了孩子不适应。

女生巧玉是堂弟堂妹们的孩子王，在学校不满体育课都是男生带头当队长，想据理力争。老师采取不干涉态度，让同学们自行协调。结果男同学们大吵大闹,女同学们觉得可以打球就好,谁当队长没什么大不了,据理力争的巧玉每次都争取无效,最后只能放弃。

家庭教育若跟社会情境差异过大,孩子易适应困难。例如,孩子从小在着重两性平权的海外长大,全家搬回台湾后,社会情境及文化相对保守,确实存在某些性别不平等。若及早预防,可以降低孩子的不适应。

性别角色认同是教养很重要的一环

家长应该怎么做呢?

★尊重孩子的自主发展

每位孩子都是独立的个体,有其特殊个性与先天气质差异。同样是男生,有的胆大心细、有的谨慎小心,将这些个人特质过早定论为"勇敢"或"胆小",甚至讥笑为"娘娘腔",无助于孩子正向成长,反而造成孩子的刻板印象或自我怀疑。

解决方式:以个性发展角度而言,以正面鼓励取代负面责骂。

举例:黄晶一次拿好几个碗,结果摔破一个。

正面鼓励:"你虽然打破碗,但你一次拿好多个是要帮妈妈快点摆好餐桌,试着用快一点的方法拿。对于这点,你愿意多尝试几种方法,妈妈看到了你的用心。"

负面责骂:"女生做事怎么那么粗鲁!小心将来长大变成男

人婆！"

★认清孩子性别行为背后的心理动机

男孩子喜欢打打杀杀的电脑游戏，行为动机可能是要让自己更有力量、更有自信。在少数状况下，也可能是转化不满：自己被霸凌，于是在游戏中重现，只是自己的身份由被霸凌者转化为霸凌者（想象中的复仇）。在这个案例中，若能适当探究，不但可以了解行为动机，而且也能避免孩子累积过多压力，避免情绪爆发。

★跟学校充分沟通

多元学习与多元文化将是未来教育趋势，但追求精英教育的某些机构却反其道而行之，以硬性的高压教育敦促孩子学习。

例如：强调严谨的课堂礼仪，坐要有坐相。

结果：女生跷腿被老师点名，男同学两腿叉开老师却睁只眼闭只眼。变相的性别不平等，却以"教育"之名行歧视之实。

如何在生活教育与校园学习中取得平衡，需要老师和家长间的充分沟通。

★父母双方先行协调

大家必定都熟悉以下这种家庭情境：爸爸在客厅喝茶看报，妈妈在厨房里面忙碌。香喷喷的饭菜上桌，妈妈叫大家一起来吃饭，全家乐陶陶。

这种状况下，若哥哥抗议："爸爸是男生，不用煮饭。为什么我们小孩就要洗碗？"爸爸帮腔："女生要负责洗碗。"于是妹妹乖乖去洗碗，得到爸爸赞美，妈妈也无能为力。

在这种氛围下，父母双方没有事先协调，孩子无所适从，也难以灌输两性平权的概念。

★避免借由孩子补偿自己的性别角色缺憾

· **负向代偿**：妈妈自小在男尊女卑的家庭中成长，被迫认同性别歧视。当自组家庭后，却无意间重复这种家庭观念，强迫自己女儿接受不平等对待，因为"当初自己也是这样忍过来的"。

实际上，社会文化及时空背景已经改变，妈妈的这种教育，是某部分源自内心的矛盾情结，借由孩子重现自己的内在缺憾，来让自己好过些。

· **正向代偿**：妈妈小时候羡慕拥有美貌与高贵气质的女生，也因为自己不够美丽而自卑。自组家庭后特别强调女儿的打扮及谈吐，希望让女儿变成其他同伴女生羡慕的对象。

"正向代偿"不代表"正确代偿"：女儿很容易在这种教育下，也认同妈妈的价值观（注重外貌）。然而当女儿逐渐长大后，开始思考不同价值观，发现"原来妈妈过度重视自己的外貌，是因为要填补她自己空洞的心"，于是母女间产生了冲突，反抗亦烈。

对性感到好奇，要怎么教呢？

除了性别角色之外，孩子对"性器官""性行为""大人怎么生小孩"开始产生好奇的话，父母该怎么办呢？

★父母也要教导孩子认识性器官

指着眼睛、鼻子，一字一句教导孩子，是每位父母的经验。因此可以趁着教导孩子如厕、一起洗澡或帮孩子换衣服时，让孩子认识身上的部位，如母亲的乳房、父亲的腋毛、孩子的生殖器等。

俚语跟正统说法不同：父母不必紧张，遇到孩子好奇，可以用俚语说明生殖器，如"鸡鸡""鸟鸟"等。

俚语跟文化相关：同样是男性生殖器，俚语可能有几十种说

孩子的性就跟其他议题一样，需要亲子间分享沟通，灌输正确观念。

法。过早拿出医学书籍煞有介事教学，反而失当。可以随着孩子年龄的增长慢慢增加词汇及教学深度。

★认识性器官与身体的隐私界线

不单单是性器官，身体任何部位都有相对应的隐私界线。亲疏之别：即使是亲切和蔼的父母朋友，只要不够熟悉，都不应该过度亲密。但由于孩子的判断力较差，因此以身体部位划分隐私界线较容易让孩子了解，例如：

1. 手掌、手指可以在自己允许时让陌生人触碰。如初次见面的叔叔阿姨，过马路时可手牵手。

2. 手臂、背部可以让认识的人触碰。较为熟悉的大人，如经常往来的亲友等，能在此范围亲密互动。

3. 衣服盖住的部分，如大腿、肚子，还有脸颊，只能让同住一起的家人（爷爷奶奶帮忙换衣服）及每天见面的照顾者（如保姆）触碰。

4. 内裤盖住的部分，只能让父母触碰。

以上举例非金科玉律，可依照教养情境调整。重要的是让孩子了解隐私观念，以及对身体的自主权。

★适可而止的教育

有些事情，目前的社会氛围是很难跨越的。例如：大部分人都曾骂脏话，曾看过成人影片，且大部分是从同伴那里乱学而来。即便如此，总不能由父母来教脏话、看 A 片吧？脏话跟性行为、性器官有高度文化联结，其中很多部分是目前无法跨越的界线。

适可而止的教育，往往比过度刻意来得有效。

★ 满足好奇心比知识的科学正确性重要

· **"你可以相信我，我会尊重你"**：即使孩子年纪小，面对相关性议题仍要以尊重的态度沟通。若孩子不愿让别人知道，那么父母要替孩子适度保守秘密。避免单方面认为："这没什么！这很正常！这是自然的事情，家人之间没有秘密！"若女孩初经来潮，告诉妈妈，结果不到一天全家人都知道了，这可能会造成不信任感。

· **"你可以来问我任何事"**：父母面对孩子稀奇古怪的问题，包括父母怎么生小孩、性教育等，也许有时会令人尴尬，但重要的是向孩子传达信赖与安全感。让孩子体会到，将来孩子遇到任何问题，即使无法立刻从父母这边得到完美的解答，但皆可被接纳。父母不回避问题，以创意及包容响应，这都有助于亲子关系的培养。

贴心小提醒

两性平权与性教育是长期被忽视的重要教养议题。家长应该多方搜集资料，以自然不做作的态度，配合社会情境及当下氛围，以耐心与包容逐渐让孩子学习正确的观念。

图书在版编目（CIP）数据

陪孩子走过敏感期 / 刘贞柏著 . —北京：文化发展出版社有限公司，2018.5
　ISBN 978-7-5142-2240-1

Ⅰ . ①陪… Ⅱ . ①刘… Ⅲ . ①儿童教育－家庭教育 Ⅳ . ① G782

中国版本图书馆 CIP 数据核字（2018）第 090868 号

版权登记号　图字：01-2018-6000

本书通过四川一览文化传播广告有限公司代理，经联经出版公司授权出版中文简体版。

陪孩子走过敏感期

著　　者：刘贞柏

责任编辑：肖润征
特约监制：潘　良　青　辰
特约策划：金　渔
特约编辑：孙悦久
封面设计：荆棘设计
出版发行：文化发展出版社（北京市翠微路 2 号 邮编：100036）
网　　址：www.wenhuafazhan.com
经　　销：各地新华书店
印　　刷：北京鑫海达印刷有限公司

开　　本：880mm×1230mm　1/32
字　　数：177 千字
印　　张：8
版　　次：2018 年 10 月第 1 版　2018 年 10 月第 1 次印刷
ＩＳＢＮ：978-7-5142-2240-1
定　　价：39.80 元

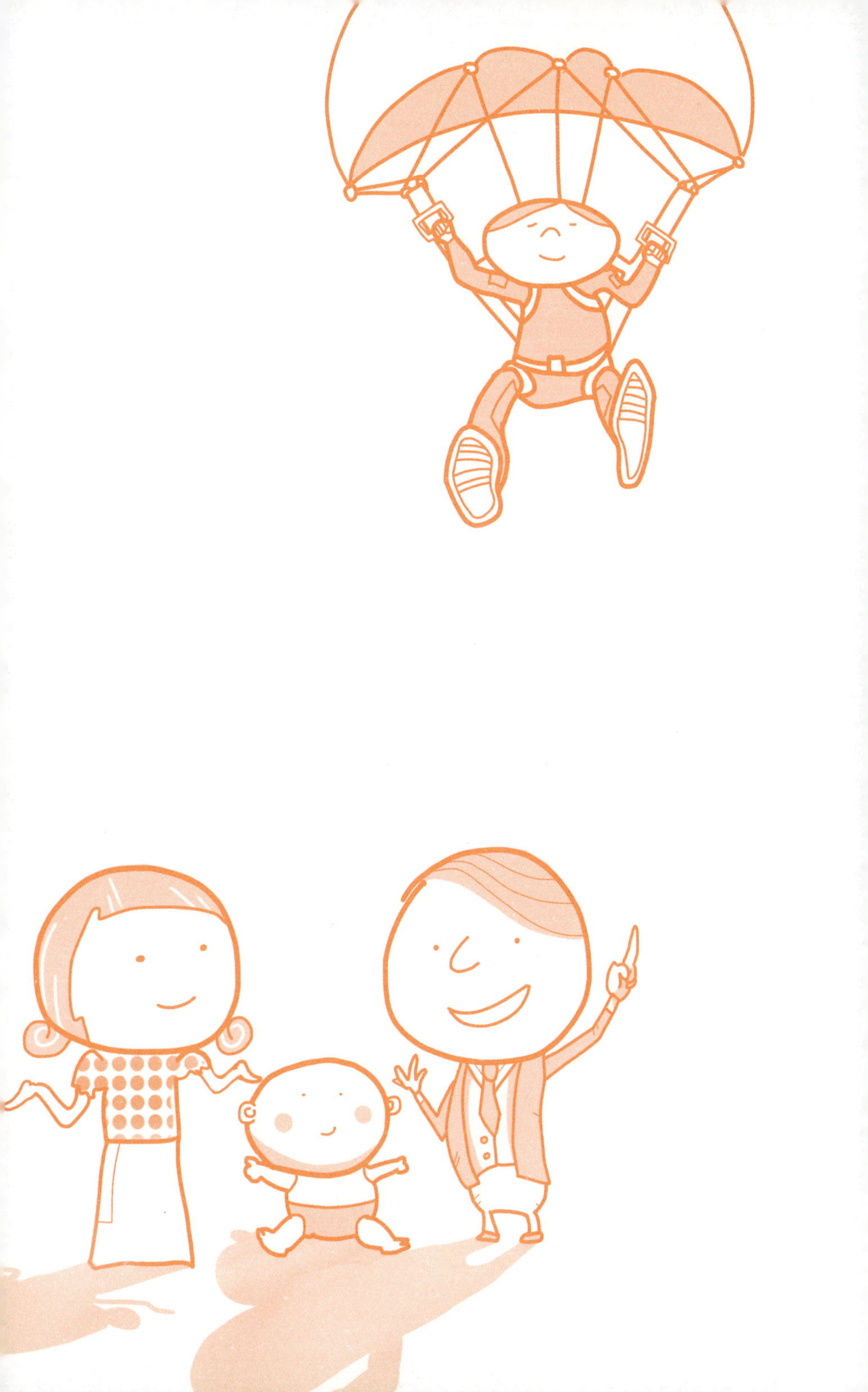